자동차
세무와금융
가이드북

자동차 세무와
금융 가이드북_ 개정판

펴 낸 날   2018년 2월 2일
2판1쇄발행   2019년 10월 30일

지 은 이   김대진
펴 낸 이   이기성
편집팀장   이윤숙
기획편집   정은지, 한솔, 윤가영
표지디자인   이윤숙
책임마케팅   강보현, 류상만
펴 낸 곳   도서출판 생각나눔
출판등록   제 2018-000288호
주   소   서울 잔다리로7안길 22, 태성빌딩 3층
전   화   02-325-5100
팩   스   02-325-5101
홈페이지   www.생각나눔.kr
이 메 일   bookmain@think-book.com

• 책값은 표지 뒷면에 표기되어 있습니다.
  ISBN 979-11-90089-88-3(13320)

• 이 도서의 국립중앙도서관 출판 시 도서목록(CIP)은 서지정보유통지원시스템 홈페이지
  (http://seoji.nl.go.kr)와 국가자료공동목록시스템(http://www.nl.go.kr/kolisnet)에서
  이용하실 수 있습니다(CIP제어번호: CIP2019041195).

자동차 영업환경이 나날이 치열해지고 있다. 신차와 중고차 영업을 하는 영업사원들 모두, 고객의 사전정보 수준이 올라감에 따라 요구사항이 점점 복잡해지고 있음을 느끼고 있을 것이다. 고객의 질문에 대한 적절한 대응이 판매와 소개로 연결되기도 하지만 잘못된 답변이 고객의 최종 의사결정을 미루거나 포기하게 만드는 경우도 있다. 영업사원뿐만 아니라 캐피탈사에서 영업을 지원하는 담당 직원 역시 세무와 금융에 대한 지식을 갖추지 않고는 적절한 대응이 쉽지 않은 것이 현실이다.

자동차회사에서 영업사원을 대상으로 영업과 세무에 대해 강의를 하다 보니 자동차 영업에서 세무나 금융이 중요함에도 이를 충족할 만한 참고 서적이 없다는 것을 알게 되었다. 2016년부터 새롭게 적용되는 업무용 승용차 관련 세법은 기존의 자동차 관련 세법과 달라서 복잡해지고 주의해야 할 사항이 많아졌다. 포탈에 나오는 세무나 금융지식도 틀린 경우가 많아 잘못된 지식을 가지고 고객을 응대하는 모습을 많이 보게 된다. 영업현장은 매일매일 한순간 한순간이 중요하다. 이런 현장의 요구를 바탕으로 자동차 영업 관련해 종사하는 분들이 전문성을 가지고 고객을 응대할 수 있도록 도움이 되는 책을 출간하고자 노력하였다. 국내에 자동차 세무와 금융실무 관련해 참고할 자료가 많이 없다보니 준비에 시간과 노력이 많이 소요되었다. 책의 내용은 자동차 세무를 강의하는 중에 받았던 질문과 영업사원이 고객과 상담 시 알고 싶은 내용을 조사해 반영하였다.

이 책은 총 6개의 장으로 구성되어 있다. 시간이 된다면 1장부터 6장까지 정독하는 것도 좋은 방법이지만 영업현장에서 친구처럼 옆에 두고 필요한 내용을 찾아보는 것도 좋을 듯하다. 1장부터 5장까지는 고객과 상담 시 필요한 내용으로 구성하였다. 6장은 자동차 영업사원이 종합소득세 신고 시 절세를 위한 방법과 주의해야 할 내용으로 구성되어 있다. 이 책은 자동차 영업 관련된 분들을 1차 대상으로 하지만, 기업체의 경리나 재무담당하는 분들이 자동차 관련 업무처리 시 필요한 내용이기도 하다. 자동차 취득, 매매 및 경비처리 업무처리 시 책 내용을 참고한다면 도움이 될 수 있을 것이다. 조금이나마 자동차 영업 관련된 분들의 세무와 금융 전문성을 높여 영업성과에 기여할 수 있는 좋은 가이드북이 되기를 바란다. 끝으로 책을 쓰는 동안 항상 옆에서 응원과 사랑을 보내준 이지선, 나의 아내에게 고마운 마음과 사랑을 전하고 싶다.

1장 자동차 취득과 운행 관련 상담하기

2장 사업자 고객 상담을 위한 준비 하기

고객에게 맞는 자동차 금융 상담하기

4장 **고객이 자주 질문하는 자동차 세무 상담하기**

5장 자동차 세금감면 혜택 상담하기

절세를 위한 종합소득세 신고 대비하기

자동차 세무와 금융 가이드북

1장

자동차 취득과
운행 관련 상담하기

자동차 영업을 하는 경우 가장 기본적으로 알아야 할 사항은 자동차를 적절히 구분할 줄 아는 것이다. 자동차 관련 세법은 유형별, 규모별 혹은 용도별 구분에 근거하고 있기 때문이다. 자동차를 취득하는 경우 부담하는 각종 세금과 유지 시 발생하는 자동차세는 종류별로 얼마를 납부하게 되는가? 주의할 사항은 무엇이고 영업에 도움이 될만한 팁은 무엇이 있을까? 이와 같은 질문에 대한 답을 알아보고자 한다.

1. 자동차는 종류에 따라 어떻게 구분할 수 있을까?

만약 해당 자동차가 둘 이상의 종류에 해당하는 경우는 주된 종류에 따라 결정하면 된다. 유형별과 규모별로 구분해 보고 영업용과 비영업용 자동차의 차이를 살펴본 후 개정된 세법을 적용받는 업무용 승용차는 어떤 것인지 알아보자.

1) 유형별로 구분하기

유형별 구분이란 자동차 관리법에 규정된 것처럼 형태와 승차 인원 차이를 통해 구분하는 것이다. 많은 사람들이 승용자동차와 승합자동차의 차이를 혼동하는 경우가 잦다.

(1) 승용자동차

「자동차 관리법」제3조에 따른 승용자동차를 말한다. 즉, 10인 이하를 운송하기에 적합하게 제작된 자동차다. 우리가 흔히 말하는 SUV를 승합자동차로 오해하는 경우가 있는데 10인승 이하라면 승용자동차로 구분하는 것이다.

(2) 승합자동차

11인 이상을 운송하기에 적합하게 제작된 자동차를 말한다. 다만 다음의 자동차는 승차 인원에 관계없이 이를 승합자동차로 본다.

- 내부의 특수한 설비로 인하여 승차 인원이 10인 이하로 된 자동차
- 경형 자동차로서 승차 인원이 10인 이하인 전방조종 자동차
- 캠핑용 자동차 또는 캠핑용 트레일러

예들 들어 카니발 자동차가 9인승이라면 승용자동차가 되고, 11인승 이상이면 승합자동차가 되는 것이다.

(3) 화물자동차

화물자동차란 화물을 운송하기에 적합한 화물 적재공간을 갖추고, 총적재화물의 무게가 (운전자를 제외한) 승객이 승차공간에 모두 탑승했을 때의 무게보다 많은 자동차를 말한다. 화물자동차는 형태로만 구분해도 혼동되는 경우가 거의 없다.

(4) 특수자동차

다른 자동차를 견인하거나 구난작업, 특수한 작업을 수행하기에 적합하게 제작된 자동차로서 승용자동차, 승합자동차 또는 화물자동차가

아닌 자동차를 말한다.

(5) 이륜자동차

총배기량 또는 적격출력의 크기와 관계없이 1인 또는 2인의 사람을 운송하기에 적합하게 제작된 이륜 자동차 및 그와 유사한 구조로 되어 있는 자동차를 말한다.

2) 규모별로 구분하기

유형별 자동차는 규모별로 다음과 같이 경형, 소형, 중형 및 대형으로 구분할 수 있다. 특히, 경차라고 부르는 경형 자동차는 세금 혜택이 많으므로 관련 규격을 알아두면 도움이 된다.

※ 자동차 관리법에 따른 자동차의 규모별 구분

종류	경 형	소 형	중 형	대 형
승용 자동차		배기량이 1,600cc 미만인 것으로서 길이 4.7미터·너비 1.7미터·높이 2.0미터 이하인 것	배기량이 1,600cc 이상 2,000cc 미만이거나 길이·너비·높이 중 어느 하나라도 소형을 초과하는 것	배기량이 2,000cc 이상이거나, 길이·너비·높이 모두 소형을 초과하는 것
승합 자동차	배기량이 1,000cc 미만으로 길이 3.6미터·너비 1.6미터·높이 2.0미터 이하인 것	승차 정원이 15인 이하인 것으로서 길이 4.7미터·너비 1.7미터·높이 2.0미터 이하인 것	승차 정원이 16인 이상 35인 이하이거나, 길이·너비·높이 중 어느 하나라도 소형을 초과하여 길이가 9미터 미만인 것	승차 정원이 36인 이상이거나, 길이·너비·높이 모두가 소형을 초과하여 길이가 9미터 이상인 것
화물 자동차		최대적재량이 1톤 이하인 것으로서, 총중량이 3.5톤 이하인 것	최대적재량이 1톤 초과 5톤 미만이거나, 총 중량이 3.5톤 초과 10톤 미만인 것	최대적재량이 5톤 이상이거나, 총 중량이 10톤 이상인 것

3) 영업용 자동차와 비영업용 자동차의 차이는 무엇인가?

동일한 승용자동차나 승합자동차일지라도 사용목적과 관련법 적용에 따라 영업용과 비영업용으로 구분될 수 있다.

영업용이란 「여객자동차 운수사업법」에서 말하는 여객자동차 운송사업, 자동차대여사업 등에 사용하는 자동차와 「화물자동차 운수사업법」에 따른 화물자동차 및 「건설기계 관리법」에 따라 건설기계대여업에 사용되는 자동차를 말한다. 예를 들어 택시, 영업용 화물트럭, 렌터카 회사의 렌터카, 리스회사의 리스용 차량, 운전면허학원 차량이 영업용 차량이라고 할 수 있다.

이에 비해 '비영업용'이란 개인 또는 법인이 위에서 말하는 영업용 외의 용도에 사용하거나 국가 또는 지방공공단체가 공용으로 사용하도록 하는 자동차를 말한다. 사업자가 사용하는 업무용 승용자동차도 비영업용에 속한다.

트럭의 경우라도 영업용과 비영업용으로 구분이 가능하다. 영업용은 흔히 노란색 차량 번호판이 부착되고 비영업용인 경우는 하얀색 번호판이 사용된다. 즉, 「화물자동차 운수사업법」에 따라 국토교통부 장관의 허가를 받은 '화물자동차 운수사업자'가 목적에 맞게 사용하는 트럭만 영업용이 되는 것이다.

11인승 이상의 승합차인 경우도 두 가지 유형이 있을 수 있다. 영업용이 아닌 경우 취득세가 1% 더 높은 것과 자동차세가 더 많다는 점이

다르다. 이에 관해서는 뒤에서 자세히 설명할 예정이다.

4) 개정된 세법을 적용받는 업무용 승용차는 무엇인가?

업무용 승용자동차란 위에서 말한 영업용 외의 용도에 해당하면서 사업을 원활히 수행하는 데 필요한 승용자동차이다. 해당 자동차와 매출을 직접 연결할 수 없다는 특징이 있다. 즉, '해당 자동차가 없어도 매출은 발생한다.'는 의미이다. 대표나 임원이 사용하는 승용자동차가 대표적인 업무용 승용차라 할 수 있다. 사업자들은 업무용을 영업용과 혼동하는 경우가 많이 있다.

2016년부터 법인과 개인사업자에게 시행되고 있는 '업무용 승용차 관련 세법'의 적용을 받는 자동차는 '업무용'이면서 '개별소비세가 과세' 되는 '승용자동차'인 경우이다. 개별소비세가 적용되지 않는 그 외의 자동차는 위 업무용 승용차 관련 세법을 적용받지 않는다. 개별소비세가 적용되지 않는 자동차는 부가가치세가 환급되는 자동차이기도 하다. 적용되는 자동차와 아닌 자동차를 구별해보면 다음과 같다.

(1) 업무용 승용차 관련 세법이 적용되는 자동차
  ① 9인승 미만 승용자동차

(2) 업무용 승용차 관련 세법이 적용되지 않는 자동차
  ① 렌트회사의 렌터카 및 리스회사의 리스용 차량
  ② 9인승 이상 승용자동차

③ 11인승 이상인 승합차

④ 경형 자동차: 배기량 1000cc 미만의 길이 3.6미터, 너비 1.6미터
   이하인 것

⑤ 경형 전기 자동차: 길이 3.6m, 폭 1.6m 이하의 자동차(쉐보레볼
   트 EV와 스파크 EV는 길이 규격초과로 제외함)

⑥ 화물자동차

⑦ 자동차 판매업의 판매용 승용자동차(시승용 승용자동차 포함), 경
   비업무용 자동차, 운전학원의 실습용 자동차, 장의회사의 운구용
   자동차 및 그 외 영업용 자동차

먼저 이 세법이 적용되지 않는 차량은 영업용 자동차이다. 다음으로
9인승 이상 승용 자동차도 적용되지 않는다. 영업용 자동차와 9인승
이상 승용차는 개별소비세가 적용되지 않기 때문이다.

업무용 승용차에 속하면서 이 세법의 적용을 받지 않는 차가 하나 있
다. 이미 설명한 것처럼 경차이다. 경차는 1,000cc 이하의 자동차를 통
상 말하나 높이나 전폭, 전장, 전고 등이 정해져 있다. 이 차는 개별소
비세가 부과되지 않고 부가가치세 환급이 가능하다.

정리하자면 업무용 승용차 관련법의 적용을 받지 않는 자동차는 구
매와 사용 시 발생하는 비용에 대한 부가가치세 환급이 가능한 자동차
라고 생각하면 된다.

앞으로 이 책에서 '업무용 승용자동차'란 용어는 9인승 미만의 승용
자동차로써 개정된 세법을 적용받는 자동차로 이해하면 된다.

2. 자동차 취득 시 부과되는 각종 세금은 무엇인가?

고객이 자동차를 취득하는 경우 어떤 세금이 붙게 되는지 이해하는 것은 영업을 위해 기본적으로 알아야 하는 내용이다. 국내 생산 자동차와 수입하는 자동차로 구분하여 알아보자.

1) 국내 생산 자동차 취득 시 부과되는 세금

차량의 공장도가격이 5,000만 원인 자동차의 경우와 1,000만 원인 경차를 가정하여 취득 시 각종 세금에 대해 알아보자.

※ 차량취득 시 발생하는 각종 세금

(단위: 원)

구 분	비영업용 승용자동차 9인승 미만 승용자동차	비영업용 승용자동차 9인승 이상 승용자동차	그 밖의 자동차 비영업용 사용 (예, 영업용이 아닌 트럭 등)	그 밖의 자동차 영업용 사용 (예, 영업용 트럭 등)	경 차 (1,000cc 이하)
① 공장도가격	50,000,000	50,000,000	50,000,000	50,000,000	10,000,000
② 개별소비세 – 9인승 미만 승용자동차: 공장도가격×5% – 9인승 이상 승용자동차, 영업용 자동차, 트럭 및 경차 등: 개별소비세가 없음	2,500,000	–	–	–	–
③ 교육세: 개별소비세의 30%	750,000	–	–	–	–
④ 부가가치세 – (공장도가격+개별소비세+교육세)×10%	5,325,000	5,000,000	5,000,000	5,000,000	1,000,000
⑤ 소비자 가격: (①+②+③+④)	58,575,000	55,000,000	55,000,000	55,000,000	11,000,000
⑥ 취득세 – 비영업용 승용자동차: (공장도가격+개별소비세+교육세)×7% – 비영업용 승용자동차가 아닌 차 중 영업용이 아닌 경우: 공장도가격×5% – 영업용: 공장도가격×4% – 경차: 공장도가격×4%	3,727,500	3,500,000	2,500,000	2,000,000	–1
⑦ 총소비자 지급액(⑤+⑥)	62,302,500	58,500,000	57,500,000	57,000,000	11,000.000

1 2021년 말까지 비영업용 경형 승용차는 취득세를 50만 원 한도로 감면하며 경형 트럭이나 승차 인원이 10인 이하인 전방조종 경형 승합차는 전액 감면한다. 단 감면받는 취득세가 200만 원을 초과하는 경우 15%는 납부해야 한다.

1) 공장도가격

공장도가격은 자동차를 만들기 위해 발생하는 각종 재료비 및 인건비 등을 합친 금액으로 제조사에서 결정이 된다. 하지만 수입차의 경우는 수입해서 판매하는 것이므로 개별소비세 기준이 되는 금액은 수입가액이다.

(2) 개별소비세

개별소비세란 애초에 특별소비세라는 개념으로 고가의 사치품에 부가하는 세목이었으나 현재에 와서는 그 의미가 많이 퇴색된 듯하다. 이제는 자동차가 누구에게나 필수품이기 때문이다. 하지만 자동차 개별소비세는 여전히 부과되고 있다.

개별소비세의 세율은 9인승 미만 승용자동차의 경우 배기량에 관계없이 공장도가격의 5%를 적용하고 있다. 하지만 9인승 이상 승용자동차나 트럭 등에 대해서는 개별소비세가 부과되지 않는다. 또한, 경차나 중고자동차의 경우 개별소비세를 부과하지 않고 있다.

(3) 교육세

교육세는 개별소비세의 30%를 부과하고 있다. 따라서 9인승 이상 승용자동차, 경차 또는 트럭과 같이 개별소비세가 부과되지 않는 경우는 당연히 교육세도 부과되지 않는다.

(4) 부가가치세

부가가치세는 공장도가격, 개별소비세 및 교육세를 합한 금액의 10%

가 된다. 영업용 차량, 9인승 이상 업무용 승용차 혹은 경차 등에 대해서는 자동차 구매 시 납부한 부가세를 공제(환급)해 주고 있다. 이에 대한 사항은 이후에 다시 설명하고자 한다.

(5) 소비자 가격

소비자 가격은 공장도가격, 개별소비세, 교육세 및 부가가치세를 모두 포함하는 가격을 말한다. 영업용 차량의 경우 개별소비세와 교육세가 부과되지 않고, 납부한 부가가치세도 공제받을 수 있으므로 그만큼 차량 가격이 저렴하게 되는 것이다. 공장도가격이 5천만 원인 영업용 차량의 경우, 9인승 미만 업무용 승용자동차와 비교하면 위 표에서와같이 부가가치세 환급 전 소비자 가격이 3,575,000원만큼 저렴하게 된다.

(6) 취득세

취득세는 자동차를 취득하는 경우에 납부하는 세액으로 이전에 취득세와 등록세로 구분했던 것을 통합하여 취득세로 징수하고 있다. 경차의 경우 2018년 12월 31일까지 취득세를 감면해 주고 있다. 9인승 미만 업무용 승용차는 공장도가격, 개별소비세, 교육세를 합한 금액의 7%를 취득세로 납부해야 하지만 그 외 자동차는 종류에 따라 공장도가격에 5% 혹은 4%를 취득세로 납부하게 된다.

2) 수입 자동차 취득 시 부과되는 세금

수수입 자동차도 관세 부분만 다를 뿐 국내 생산 자동차와 그 외 세금은 동일하다고 생각하면 된다. 자동차 수입가격에는 해상운송비 등이 포함된다. 관세는 통상 수입가격의 8%이지만 FTA 조건에 따라 달라질 수 있다. 수입가격과 관세를 합한 금액에 개별소비세를 적용한다. 개별소비세는 국내 생산 자동차와 동일하다. 만약 9인승 미만의 업무용 승용차라면 5%가 적용되며, 9인승 이상의 승용차나 영업용 자동차 등은 개별소비세가 없다. 이 개별소비세의 30%가 교육세이다. 수입가격, 관세, 개별소비세 및 교육세를 합한 금액의 10%가 부가가치세이고 부가가치세를 뺀 금액에 차량 종류에 따라 7%, 5% 혹은 4%를 취득세로 납부해야 한다. 구매하는 공채는 국내 생산 자동차와 같이 부가가치세 적용 전 가격에 비율로 적용되며 각 지자체마다 약간의 차이가 있다.

수입가격이 5,000만 원인 5인승 업무용 승용차를 사례로 생각해 보자.

수입가격: 50,000,000원

+ 관세: 4,000,000(수입가격의 8%)

+ 개별소비세: 2,700,000원(수입가격과 관세를 합한 금액의 5%)

+ 교육세: 810,000원(개별소비세의 30%)

+ 부가가치세: 5,751,000원(수입가격, 관세, 개별소비세, 교육세를 합한 금액의 10%)

소비자 가격: 63,261,000원

+취득세: 4,025,700원(수입가격, 관세, 개별소비세, 교육세를 합한 금액의 7%)

총 소비자 지급액: 67,286,700원

3. 취득세 기준금액과 세율은 어떻게 되는가?

1) 각 경우에 따른 취득세 기준금액은 어떻게 되는가?

자동차 취득세는 기준금액인 과세표준에 세율을 곱해서 계산한다. 따라서 취득세 과세표준을 이해해야 취득세가 얼마나 될지 이해할 수 있다. 자동차 과세표준은 다음의 몇 가지 경우로 나누어 생각해 볼 수 있다.

(1) 자동차 회사로부터 출고되는 차량취득

자동차 회사로부터 출고되는 차량취득 시 취득세 과세표준은 공장도 가격에 개별소비세 및 교육세를 합한 금액이다. 즉 부가가치세 과세 전의 금액이 된다.

(2) 자동차를 수입하는 경우

수입 자동차 업체가 자동차를 수입하는 경우는 취득이 아닌 제조된 제품을 매입하는 것에 해당하므로 수입 자동차의 국내 법인이 수입 시는 취득세나 등록세 과세대상이 되지 않는다. 취득세는 판매가 되어 개인이나 법인이 등록하는 경우 발생한다. 만약 해외 자동차를 개인적으로 사용하려는 목적으로 수입하여 자동차를 등록하고 취득세를 내는 경우는 수입신고필증 상의 수입가액을 기준으로 관세, 개별소비세, 교육세와 취득세가 부과된다. 이 경우 취득세 과세표준은 부가가치세를 포함하기 전의 금액이 된다. 즉 수입가액에 관세, 개별소비세, 교육세가 합쳐진 금액이 '취득세 과세표준'이 된다.

(3) 해외에서 이사를 오면서 이삿짐으로 가져온 자동차의 취득세와 등록세

이사자란 해외에서 1년 이상 주거를 정해 거주한 사람이 주거 이전을 목적으로 국내에 들어오는 경우이며, 준이사자란 가족과 함께 6개월 이상 해외에서 거주한 사람이 국내에 이사를 오는 경우이다. 이사자나 준이사자의 경우 다음 조건을 모두 충족하는 자동차는 수입통관을 받지 않고 이사 물품으로 국내에 반입할 수 있다.

- 자동차 관리법에 따른 승용자동차나 2륜 자동차
- 이사자 혹은 가족 명의로 해외에서 등록하여 3개월 이상 지난 것
- 1세대가 1대의 자동차를 국내에 반입하는 경우

이사 물품으로 보는 자동차는 관세가 부과되지 않으며 취득세도 부과되지 않는다. 취득세는 타인으로부터 자동차를 취득한 경우에 발생하는데, 이사 물품은 본인의 물건을 단순히 해외에서 국내로 이전한 것으로 보기 때문이다.

이사 물품인 위와 같은 자동차는 수입이 아니므로 수입신고필증 상의 수입가액이 존재하지 않는다. 따라서, 이사 물품인 자동차의 국내 등록 시 등록세 기준금액은 해외에서 취득한 자동차의 가액이 아닌 해당 자동차의 국내 반입 시의 시가표준액을 기준으로 해야 한다. 자동차 시가표준액에 대해서는 아래에서 설명할 예정이다.

(4) 타인이나 중고차업자로부터 취득

타인으로부터 유상으로 취득하는 경우의 과세표준은 실제 취득가와

시가표준액을 비교하여 높은 가액을 적용한다. 실제 구매가는 1,000만 원이지만 해당 차량의 취득세 신고 시 시가표준액이 1,100만 원이라면 1,100만 원을 기준으로 취득세를 내야 한다.

참고로, 중고매매업자가 이전의 소유주인 개인이나 사업자로부터 취득 시 취득세가 2018년 12월 31일까지 면제된다. 자세한 사항은 이 책의 '중고자동차 매매업자의 세무' 부분에 설명되어 있다.

(5) 법인으로부터 중고차를 직접 취득하는 경우

과거에는 법인이 사용하던 차량을 중고로 취득한다면 위의 원칙에도 불구하고, 자동차를 판 법인의 장부가액이 취득세 과세표준으로 우선 적용되었다. 하지만 세법이 개정되어 법인의 장부가액이 중고차 시가표준액보다 낮은 경우는 장부가액이 아닌 시가표준액을 취득세 과세표준으로 해야 한다. 과거에 법인 장부가액을 허위로 작성해 장부가액을 낮춰 취득세를 줄이려는 행위가 많아 이를 막기 위해 개정된 것이다. 단, 천재지변, 화재, 교통사고 등으로 그 가액이 현저히 하락한 것으로 지자체장이 인정하는 경우에는 법인 장부가액을 그대로 인정한다.

예를 들어 법인으로부터 차량 취득 시 장부가액이 800만 원이고 시가표준액이 1,300만 원이면 과거에는 장부가액 800만 원을 취득세 과세표준으로 했지만, 개정된 세법에서는 1,300만 원을 과세표준으로 해서 취득세를 납부해야 한다.

법인이 아닌 개인사업자의 장부가액은 예전부터 인정되지 않아 개인사업자로부터 차량을 취득할 때는 실지 취득금액과 시가표준액 중 큰 금액을 취득세 과세표준으로 해야 한다.

(6) 증여나 상속으로 취득하는 경우

상속이나 증여로 취득하는 자동차는 해당 자동차를 처분할 경우 다시 취득할 때 지급할 금액을 기준으로 한다. 이 금액이 명확하지 않으면, 장부가액으로 하고 장부가액이 없으면 자동차의 시가표준액을 취득세 과세표준으로 한다. 개인만이 개인이나 법인에 증여나 상속할 수 있다. 따라서 장부가액은 개인사업자의 장부가액을 의미한다. 하지만 취득세 관련법에서는 법인장부에 대한 언급만 있을 뿐이므로 실무상 증여나 상속으로 이전되는 경우 시가표준액을 기준으로 취득세를 납부한다고 생각하면 될 듯하다.

취득세를 지급하고 취득한 경우 감가상각으로 비용처리 된다. 감가상각을 위한 취득금액을 산정할 때, 신차의 경우 공장도가격, 개별소비세, 교육세 및 취득세에 취득 시 부가된 탁송비, 채권할인비용 등을 합해 계산한다.

부가가치세는 환급되는 경우 당연히 감가상각을 위한 취득가에 포함되지 않아야 한다. 만약 환급되지 않는 9인승 미만의 승용자동차 구매 시 부가가치세가 있다면 취득가에 포함되어 이후 감가상각으로 비용처리된다. 렌트비에 포함된 부가가치세가 공제되지 않는 경우 해당 부가가치세는 렌트비로 같이 비용처리하면 된다.

만약 5인승 업무용 승용차를 취득할 때 공제받지 못하는 부가가치세가 300만 원이고 부가가치세를 제외한 차량가액이 3,000만 원이라면 부가가치세 환급이 불가능하기 때문에 감가상각비 처리를 위한 자동차의 취득금액은 3,000만 원에 부가가치세 300만 원이 합해진 3,300만 원이 된다.

1월 1일부터 렌트한 경우, 렌트비가 80만 원이고 부가가치세가 8만 원인데 부가가치세가 환급되지 않는다면 그해에 부가가치세 포함해 1,056(88만 원×12개월)만 원을 회계상 렌트비로 처리한다는 의미이다. 이에 관한 내용은 이 책의 뒷부분에서 다시 설명할 예정이다.

중고차의 경우는 실제 취득한 가액과 자동차 시가표준액 중 큰 금액에 취득 시 부담한 취득세와 기타 비용을 합하여 취득금액 산정을 하고 감가상각비를 계산한다. 탁송비나 채권할인비용은 전체 취득금액에서 큰 비중은 아니므로 고객과 상담 시는 이를 뺀 금액을 총 취득금액으로 하여 상담하는 것이 고객이 이해하기 쉬울 것이다.

2) 취득세 세율은 어떻게 되는가?

취득세는 위의 취득세 과세표준에 세율을 곱해서 계산한다. 비영업용 승용차의 경우는 7%를 적용한다. 단, 경형 자동차는 4%의 세율을 적용한다. 비영업용 승용차가 아닌 그 밖의 자동차는 트럭, 승합차 및 영업용 승용차이다. 트럭 등을 개인용달 등의 영업용으로 사용하지 않는 경우는 5% 세율을 적용하고 영업용으로 사용하는 트럭, 승합차 및 승용차는 4%의 세율을 적용한다. 경차의 경우는 4% 세율을 적용하나 2018년 12월 31일까지는 취득세를 전액 감면해 준다.

아래의 취득세율표는 개정 전후 취득세율이다. 개정 전에는 취득세와 (등록 시) 등록세를 별도로 부과했지만, 개정 후 현재는 취득세로 통합해 부과한다. 예외적으로 금융리스는 고객명으로 등록하는 경우 등록세를 분리해 고객이 부담해야 한다. 이에 관한 내용은 아래에 설명하였다.

※ 취득세 세율(개정 전후 비교)

구 분	취득유형		개정 전[2]		현 재	비 고
			취득세	등록세	취득세	
신규 및 이전 취득	비영업용 승용자동차	일반 승용자동차	2%	5%	7%	경차는 2018년 말까지 감면 (연장 가능)
		경형 자동차	2%	2%	4%	
	그 밖의 자동차 – 영업용 승용자동차 – 트럭 – 승합차 등	비영업용	일반 (트럭, 승합차 등)	2%	3%	5%	
			경형 자동차	2%	2%	4%	
		영업용 (트럭, 승용차, 승합차 등)	2%	2%	4%	
	이륜 자동차	이륜차	125cc 이하	2%	–	2%	
			125cc 초과	2%	2%	4%	
	기계장비	건설기계 (덤프 트럭 등)	2%	1%	3%	
		미등록 기계장비	2%	–	2%	

---

2   현재 취득세와 등록세를 합하여 취득세로 과세하고 있으나, 금융리스나 해외에서 이전하여 오는 차량 등 취득과 등록을 구분해야 하는 경우는 취득세와 등록세를 구분하여 납부할 수 있다.

4. 취득세는 누가 내는가?

'취득세를 누가 내는지'는 고객의 금융방식에 따라 달라질 수 있다.

(1) 현금이나 할부로 취득 시

현금이나 할부로 취득한 경우 취득세 납세의무자는 취득한 고객이 된다. 취득자가 취득세를 내는 것이며, 여기서 취득자는 고객이 되는 것이다.

(2) 운용리스나 렌트 이용 시

운용리스나 렌트는 취득자가 리스사나 렌트사가 된다. 따라서 취득세를 리스사나 렌트사가 납부해야 한다. 많은 경우 리스사나 렌트사가 취득세를 납부하고 해당 취득세는 리스비나 렌트비에 포함된다. 운용리스나 렌트 기간이 끝나고 고객에게 이전되는 경우 해당 시점에서 평가한 시가표준액과 고객이 포기한 보증금 중 큰 금액을 기준으로 계산된 취득세를 고객이 납부하면 된다. 여기서 포기한 보증금은 리스나 렌트 약정기간이 지난 후 지급한 중고차 가격으로 생각하면 된다. 실제 산정되는 중고차 가격은 포기한 보증금에 각종 부대비용이 추가되어 증가할 수 있다.

(3) 금융리스 이용 시

'금융리스 이용 시' 고객명으로 등록하는 경우는 등록면허세 해당금액은 고객이 부담하고 취득세 부분은 리스사가 부담해야 한다. 업무용 승용차이고 고객명으로 등록하는 경우 등록세 부분 5%를 고객이 부담하고 취득세 부분 2%를 리스사가 부담한다. 리스 기간이 끝나고 소유권이 이전되는 경우 고객은 이미 등록세 부분을 납부했기 때문에 2% 취득세만 추가로 납부하면 된다.

실제 금융리스에서는 위에서 설명한 방식과 달리 '고객명으로 등록 시'도 등록면허세와 취득세를 일단 모두 리스사에서 부담하고 고객은 리스 비용에 해당 금액을 포함해 매월 지급하는 경우가 많다.

5. 자동차 취득세는 어느 지역에 내야 하는가?

(1) 현금 및 할부구매의 경우

차량의 취득세 납부지 및 채권구매 지자체를 결정하는 것은 「자동차관리법」에 따른 등록지로 하되, 해당 등록지가 사용 본거지와 다른 경우에는 사용 본거지를 납세지로 한다. 「자동차 관리법」에 따른 등록지란 기본적으로 사용 본거지를 말하는 것으로, '사용 본거지'란 자동차의 소유자가 자동차를 주로 보관, 관리 또는 이용하는 곳으로서 아래와 같은 장소를 말한다. 세 가지 등록지 외에 다른 곳을 인정받으려는 경우 그 사유를 증명하는 서류를 첨부하여 관할관청에 신청하여 허가를 받아야 한다.

등록 시 자동차 제조자, 수입자 및 매매업자가 판매한 경우는 자동차등록원부 작성에 필요한 자료를 전산을 통해 전송하여 자동차 구매자를 대신하여 등록신청을 해야 한다. 단, 고객이 직접 등록신청을 하려는 경우는 고객이 할 수 있다.

① 자동차 소유자가 개인인 경우: 그 소유자의 주민등록지

자동차를 할부나 현금으로 구매하는 경우 본거지는 개인(개인사업자 포함)이면 소유자의 주민등록지가 된다.

② 영업용 자동차를 구매한 개인사업자인 경우: 사업장 소재지

개인사업자가 영업용으로 사용하는 자동차를 구매하는 경우 등록지는 사업장 소재지가 된다. 만약 영업용으로 트럭을 구매한 개인사업자라면 집 주소가 아닌 사업장 주소에 등록해야 한다. 규모가 작은 개인사업자는 집 주소를 사업장으로 등록하는 경우가 많다. 이 경우 등록지는 집 주소가 될 것이다.

③ 자동차 소유자가 법인 또는 법인이 아닌 사단 또는 재단(이하 '법인 등'이라 한다.)인 경우 그 법인 등의 본점 소재지나 지점

법인이나 사단 혹은 재단이 영업용 혹은 업무용자동차 등을 구매하는 경우 등록지는 그 법인 등의 본점 소재지나 지점이 되는 것이다. 법인은 대표와 분리된 별개의 독립체로 보기 때문에 등록지도 대표자의 주소지와 무관하게 법인을 따라 간다고 할 수 있다. 만약 법인 지점을 등록지로 하여 취득세를 납부하려는 경우는 반드시 지점의 소재지가 법인 등기부 등본에 표시되어 있어야 한다.

지방자치단체마다 차량 취득 시 구매해야 하는 채권가격이 달라서 채

권가격이 가장 저렴한 곳에서 등록하려는 경우가 많다. 법적 등록지나 사용 본거지와 실제 등록한 등록지가 다른 경우 관할관청에 허가를 받아야 하므로 법에서 제시된 등록지의 원칙을 어기지 않도록 해야 한다.

(2) 리스 회사명으로 등록하는 리스나 렌트의 경우

리스회사나 렌트 회사명으로 등록하는 리스 혹은 렌트의 경우 취득세 납세의무자는 차량대여자인 리스사나 렌트사가 되며, 납세지는 취득 당시의 리스나 렌트 물건을 주로 관리하는 대여시설회사의 사용 본거지(리스사나 렌트사의 본점 혹은 지점 소재지 등)로 보는 것이 타당하다.

2017년 11월 대법원에서는 'BMW파이낸셜서비스코리아'가 낸 소송에 대해 리스업체의 지점도 취득세 납세지인 사용 본거지가 될 수 있다는 판결을 내렸다. 따라서 리스사 명의의 리스인 경우 각 리스사 지점이 속한 지방자치단체에 등록 후 취득세를 납부해도 된다. 렌트의 경우도 리스와 동일하게 각 지점이 속한 지방자치단체에 취득세를 납부할수 있다고 보면 될 것이다.

(3) 고객명으로 등록하는 리스의 경우

리스인 경우 고객명으로 등록 하는 경우가 있다. 이 경우 지자체 관청에서는 이용자(명의 혹은 등록)리스라고 부르기도 한다. 금융리스의 일종으로 보는 것이 좋을 듯하다. 개인적으로는 여신전문금융업법에서 리스를 금융리스와 운용리스로 구분하지 않는 것을 볼 때 운용리스도 고객명으로 등록이 불가능할 이유는 없다고 여겨지나, 실무에서는 금융리스라고 할 수 있는 이용자(명의 혹은 등록) 리스만 고객명으로 등록이 가능한 것으로 처리하고 있다.

이 경우 취득세와 등록세를 분리해 납부하게 된다. 취득세는 리스사가 납부하고 등록세는 등록명의자인 고객이 납부해야 한다. 위 대법원 판례에 따라 취득세 부분은 리스사의 사용 본거지인 리스사 본점이나 지점이 속한 지방자치단체가 납세지가 되고 등록세 부분은 고객의 주소지(비사업자인 개인이나 개인사업자)나 고객 법인의 본점이나 지점 소재지가 속한 지역에 납부하는 것이 합리적이라고 여겨지나 실무에서는 등록명의자의 주소나 법인 본점(지점)이 있는 지방자치단체가 취득세와 등록세의 납세지가 된다.

6. 중고자동차 등의 취득세 시가표준액은 어떻게 알 수 있을까?

중고차를 취득하는 경우는 실제 매매가격과 자동차 시가표준액을 비교해 높은 가격을 취득세 기준가격인 과세표준으로 하게 되어 있다. 법인으로부터 중고차 구매 시는 법인 장부가격과 자동차 시가표준액을 비교해 높은 가격을 취득세 과세표준으로 하게 되어있다. 자동차 시가표준액이 어떻게 계산되는지 알아보고 간단히 조회하는 방법을 설명하고자 한다.

(1) 시가표준액 계산방법은 무엇인가?

차량의 종류별·승차 정원별·최대적재량별·제조연도별 제조가격(수입하는 경우에는 수입가격을 말함) 및 거래가격 등을 고려하여 정한 기준가격에 차량의 경과 연수별 잔존가치율을 적용하여 지방자치 단체에서 결정하게 되어 있다. 현재 자동차 기준가격과 잔존가치율은 모든 지방자치단체가 같다고 보면 된다.

시가표준액 계산방식은 차량마다 설정된 기준가격에 잔가율을 곱해서 계산한다. 잔가율이란 사용 가능한 내용 연수와 이미 사용한 연수를 고려해 비율로 나타내는 것이다. 사용연수가 증가할수록 잔가율은 낮아지게 된다.

예를 들어, 제작연도가 2012년인 제네시스(BH5DBB-EU) 비영업용 승용자동차를 2018년에 취득하는 경우 기준가액은 46,463,000원이고 잔가율은 0.311이기 때문에 시가표준액은 46,463,000원에 0.311을 곱한 14,449,993원이 된다.

(2) 자동차 잔가율과 기준가액[3]이란 무엇인가?

예들 들면, 잔가율 계산 시 경과 연수는 올해가 2018년인 경우 2018년 제작은 1년 미만, 2017년 제작은 1년, 그리고 2016년 제작은 2년을 적용하는 방식이다.

---

3   위의 기준가액은 2017년 서울시 재무국 자료이며 매년 변동될 수 있다.

※ 비영업용 승용, 승합, 화물자동차의 내용 연수 및 잔가율

구 분		내용연수	1년미만	1년	2년	3년	4년	5년	6년	7년	8년	9년	10년	11년	12년	13년	14년	15년
승용	국산	15	0.786	0.725	0.614	0.518	0.437	0.368	0.311	0.262	0.221	0.186	0.157	0.132	0.112	0.094	0.079	0.067
승용	외산	15	0.801	0.729	0.605	0.500	0.412	0.340	0.281	0.232	0.191	0.158	0.130	0.108	0.089	0.074	0.061	0.050
승합		15	0.794	0.726	0.609	0.510	0.426	0.357	0.298	0.250	0.209	0.175	0.146	0.122	0.102	0.085	0.072	0.060
화물		15	0.794	0.726	0.609	0.510	0.426	0.357	0.298	0.250	0.209	0.175	0.146	0.122	0.102	0.085	0.072	0.060

※ 위 비영업용 차량을 제외한 차량의 내용 연수 및 잔가율

차 종	용 도	내용연수	1년미만	1년	2년	3년	4년	5년	6년
승용	영업용	4년	0.708	0.562	0.316	0.178	0.100	−	−
승합	영업용	6년	0.703	0.562	0.464	0.316	0.215	0.147	0.100
화물	영업용	6년	0.703	0.562	0.464	0.316	0.215	0.147	0.100
이륜	영업 및 비영업용	6년	0.703	0.562	0.464	0.316	0.215	0.147	0.100

※ 기준가액(예시)

차 종	제작사	차 명	형 식	기준가격 (천 원)
승용	현대	제네시스	BH5DBB-EU	46,463
승용	현대	제네시스	BH5DBB-G	45,288
승용	기아	모하비	JH738FA-SRB-H	44,745
승용	기아	모하비	JH738FB-B-H	35,464
승용	한국GM	임팔라	3.6L 가솔린 LTZA/T	37,224
승용	한국GM	카마로	가솔린 3.6CAMAROA/T	38,511
승용	삼성	SM7	E2V35-48-5	33,728
승용	삼성	SM7	E2V35-48-6	33,909
승용	쌍용	렉스턴	R7DF20M4-01C	27,826
승용	쌍용	렉스턴	R7DF20M4-01D	28,091
…	…	…	…	…
승용	LANDROVER	Discovery42.7D	LA	63,627
승용	LANDROVER	Discovery42.0D	LA	68,000
승용	BMW	BMW528i×Drive	5A71	54,446
승용	BMW	BMW530d×Drive	5D31	61,515
승용	AUDI	Q52.0TDIQuattro	8R	57,820
승용	AUDI	Q53.0TDIQuattro	8R	67,620
승용	MERCEDES-BENZ	E240	211061	73,090
승용	MERCEDES-BENZ	E250	207347	60,909
…	…	…	…	…

(3) 홈택스를 통해 비영업용 승용차 시가표준액 조회하기

기준가격과 잔존가치율을 적용한 비영업용 승용차의 시가표준액은 국세청 홈택스를 통해서 간단히 조회할 수 있다.

먼저 홈택스의 '조회/발급'이라는 부분에서 '근로장려금·자녀장려금'이라는 항목으로 들어간 후 '승용차 가액조회'에서 조회하면 된다. 조회 시 '차량명'을 입력하고 '형식번호'를 입력한 후 '제작연도'를 입력하면 된다. 그 후 계산하기를 클릭하면 해당 자동차의 시가표준액을 알 수 있다. '형식번호 및 제작연도(최초등록일)' 등의 정보는 자동차등록증에 표기되어 있다. 비영업용 승용차나 그 외 자동차의 시가표준액은 홈택스 외에도 각 지자체의 자동차 등록 담당자에게 문의해 알 수 있다.

7. 차량 등록 시 필요한 서류와 주의할 점은 무엇인가?

신규차량 및 이전 등록은 각 지방자치단체에서 진행하거나 '자동차민원대국민포탈'을 통해 온라인으로도 가능하다. 등록 시 필요한 서류는 다음과 같다.

1) 신규등록하는 경우

신규등록 시 필요서류는 아래와 같으며, 임시운행허가 기간은 10일 이내이므로 그 기간 안에 신규등록하지 않으면 과태료가 발생한다. 서울 기준으로 임시운행허가 기간이 지난 후 10일 이내는 3만 원, 그 이후는 1일 초과 시마다 만 원씩 과태료가 부과되어 최대 100만 원까지 부과될 수 있다. 과태료는 지방자치단체마다 차이가 날 수 있으며 각 지자체 홈페이지나 전화문의를 통해 정확한 내용을 파악할 수 있다.

(1) 기본서류

① 공통서류

신규등록신청서(등록관청 비치), 자동차제작증, 세금계산서, 임시운행허가증, 임시운행허가번호판, 자동차사용 본거지 확인 가능 서류, 책임 보험가입증명서, 등록세 영수필확인서(등록 시 납부), 공채매입 필증(등록 시 매입).

② 개인으로 등록 시 필요서류

주민등록등본 1부(구비서류 중 행정기관이 행정정보 또는 이용을 통하여 확인 가능한 서류는 제출생략)

③ 법인으로 등록 시 필요서류

사업자등록증 사본 또는 법인 등기부 등본 1부(구비서류 중 행정기관이 행정정보 또는 이용을 통하여 확인 가능한 서류는 제출생략)

④ 대리인이 등록 시 필요서류

위임장(위임자의 인감날인), 인감증명서 또는 본인서명사실확인서(최근 3개월 이내 발급분)

(2) 추가서류

① 수입 차량

자동차 배출가스인증서, 안전검사증(개별수입자 및 이사화물의 경우), 소음인정서, 수입 양도인의 인감증명서 또는 본인서명사실확인서, 수입신고필증

② **관용차량**

공문(배정승인서)

③ **LPG 차량(1급~6급)**

보훈대상자: 국가유공자(수첩)증

장애인: 장애인 복지카드

④ **사단이나 단체(교회 등)**

정관 또는 규약, 인가서, 고유번호증, 회의록(대표+4인 날인), 대표자

인감증명서 또는 본인서명사실확인서, 직인증명서, 재직증명서, 소속

증명서

2) 이전 등록하는 경우

매매인 경우 매매 후 15일 이내, 증여는 증여받은 후 20일 이내, 상

속은 상속개시일(돌아가신 날) 이후 6개월 이내에 등록하여야 한다. 만

일 기한이 지나면 기한 후 10일간은 10만 원 그 이후는 1일당 1만 원

씩의 과태료가 부과되며 최고 50만 원까지 부과 가능하므로 기한을 지

키도록 해야 한다. 위 과태료는 서울 기준이며 각 지자체마다 차이가

날 수 있으므로 각 지자체에 확인하면 정확히 알 수 있다.

(1) 기본서류

① **공통서류**

이전 등록신청서, 신 소유자(양수인) 의무보험가입 증명서, 신 소유자

(양수인) 본인 직접 등록 시 본인 신분증, 공동명의 등록 시 공동명의 등록합의서

② 대리등록 시

신 소유자(양수인) 인감증명서 또는 본인서명사실확인서, 위임장(인감 도장날인), 위임받은 자의 신분증

(2) 매매 시 추가서류

자동차양도증명서, 자동차매도용 인감증명서 또는 본인서명사실확인서(양수자 성명, 주민등록번호, 주소기재), 자동차등록증, 사용 본거지 주소를 확인할 수 있는 서류(개인: 주민등록등본, 개인사업자: 사업자등록증명원, 법인사업자: 법인 등기부 등본, 사업자등록 증명원, 법인 매도용 인감증명서)

(3) 증여 시 추가서류

증여증서에 증여인의 인감도장 날인, 증여인의 인감증명서 또는 본인 서명사실확인서 첨부.

(4) 상속 시 추가서류

2008년 1월 1일 이전 사망자는 제적등본, 2008년 1월 1일 이후 사망자는 망인의 가족관계증명서 및 기본증명서, 상속포기자 신분증 사본(앞, 뒷면), 상속포기서에 다른 상속인의 서명, 날인 또는 공정증서 등 상속 사실을 증명하는 서류(상속인 경우).

(5) 신 소유자(양수인)가 미성년자인 경우 추가서류

동의서 작성(법정대리인의 인감증명서 또는 본인서명사실확인서 및 인감날인), 주민등록등본 또는 가족관계증명서.

3) 말소등록 하는 경우

(1) 폐차장에서 폐차 시 구비서류

자동차등록원부 1부(등록관청 발행), 자동차등록증, 신분증, 도장, 대리신청 시 인감증명서 또는 본인서명사실확인서 및 위임장(인감날인)

※ 폐차장에서 폐차 완료 후 1개월 이내에 각 지자체에 말소등록 신청

※ 자동차등록원부는 발급 후 3일 이내의 것으로 압류나 저당이 없어야 함

(2) 폐차말소등록 구비서류

말소등록신청서(등록관청 비치), 폐차인수증명서(폐차장 발행), 자동차등록증, 대리신청 시 인감증명서 또는 본인서명사실확인서 및 위임장(인감날인)

※ 말소등록위반 과태료: 최고 50만 원(기한 초과 10일 이내 5만 원, 1일 추가 초과 시마다 1만 원)

(3) 도난말소등록 구비서류

자동차등록증, 도난 사실확인서(경찰서장 발행), 신분증, 인감증명서 또는 본인서명사실확인서, 말소신청서, 제3자 신청 시 위임장(인감날

인) 필요함

(4) 수출말소등록 구비서류

자동차등록증, 인감증명서 또는 본인서명사실확인서, 수출계약서, 수출회사사업자등록증, 위임장(수출회사에서 위임해 옴), 신분증, 앞뒤 번호판 및 봉인.

4) 저당설정 및 저당말소 등록하는 경우

(1) 저당설정 시

저당권 설정신청서(소정양식), 저당권설정계약서, 자동차 소유자의 인감증명서 또는 본인서명사실확인서, 자동차등록증, 공동 저당인 경우 당해 자동차의 등록번호, 차대번호, 소유자 및 사용 본거지를 표시한 자동차의 목록.

(2) 저당말소 시

저당권 말소신청서(소정양식), 해당 채무의 소멸을 증명할 수 있는 서류, 저당권자의 인감증명서 또는 본인서명사실확인서(법인이 제출한 사용인감계를 대조, 확인할 수 있는 경우 제외), 자동차등록증, 제권판결 등본(공시최고신청의 경우에 한함), 등록번호, 차대번호, 소유자 및 사용 본거지를 표시한 자동차의 목록(공동 저당된 자동차를 등록 말소하는 경우에 한함).

👥 상담 포인트: 자동차 등록 시 필요서류 상담하기

위와 같이 등록 시 각 경우에 따라 필요한 서류가 다르다. 고객과 상담 시 모든 서류를 안내할 수는 없을 것이다. 상담 시 대략의 서류를 먼저 안내하고 고객의 상황에 따라 지자체 자동차등록 담당자에게 문의해 정확히 필요한 서류를 정리한 후 고객에게 전달하면 좋은 세일즈 포인트가 될 수 있다.

8. 자동차세는 누가 얼마나 내는가?

1) 자동차세는 누가 내는가?

자동차세는 소유자가 내는 것이다. 각 경우에 따라 누구를 소유자로 보는지 살펴보자.

(1) 기본 원칙

자동차 소유에 대한 자동차세는 지방자치단체인 구청이나 시청에 등록되어 있거나 신고되어 있는 자동차를 소유하고 있는 사람에게 부과된다.

(2) 지입차량의 경우

지입차량의 경우 실질적으로 소유하고 운행하는 사람이 따로 있다 할지라도 자동차 등록부상 특정 회사 명의로 소유 등록되어 있으면 자동차세 측면에서는 이 차량은 회사 소유의 차량이라고 할 수 있다. 따라서 이 경우 자동차 등록부상의 회사가 자동차세 납부의무가 있다고 할 수 있다. 참고로 취득세는 실제 소유자가 분명한 경우 회사가 아닌 실제 지입차량 차주가 납부해야 한다.

(3) 상속 시 이전 등록 전인 경우

만약 부모님이 돌아가셔서 상속이 되는 경우 실제 소유자가 된 사람 명의로 이전 등록을 했다면 당연히 이전 등록한 새로운 소유자가 자동차세를 납부하게 되지만, 만약 이전 등록을 하지 않은 상태에서 자동차세 납부기간이 된 경우 납세의무자는 민법에 따라 상속지분이 가장 높은 사람이 되고 상속지분이 같다면 연장자가 자동차세를 납무할 의무가 있다.

민법에 따른 법정상속분은 배우자가 1.5이고 자녀가 1로 보아 배우자의 상속분을 50% 더 인정해주고 있다. 만약 남편이 돌아가셔서 상속이 되는 경우 배우자와 자녀 2명이 있고, 위와 같이 이전 등록을 하지 않은 상태로 남편에 대한 사망신고만 된 상태라면 부인에게 자동차세 납세의무가 있게 되는 것이다.

(4) 공매 시 매수인 명의로 이전 등록 전인 경우

자동차가 공매되는 경우, 만약 공매되어 매수대금이 납부되었으나 아직 매수인 명의로 소유권 이전 등록을 하지 않았다고 하더라도 매수인이 실질적인 소유주로 인정된다. 이 경우 해당 자동차에 대한 자동차세 납세의무는 매수인에게 있게 된다.

(5) 운용리스, 금융리스 및 렌트차량

운용리스, 금융리스 및 렌트차량의 경우 등록이 누구 명의로 되어있느냐가 중요하다. 리스사나 렌트사 명의라면 자동차세는 리스사나 렌트사가 납부해야 한다. 명의가 고객이라면 납세의무는 고객에게 있다. 대부분은 차량이 계약기간 종료 후 이전되기 전까지는 리스사나 렌트사명으로 등록을 하므로 리스사나 렌트사가 납세의무를 지게 된다. 이때 계약에 따라 고객은 리스비나 렌트비에 자동차세를 포함해 납부하는 경우가 있을 수 있다.

2) 자동차세를 내지 않는 경우는 무엇인가?

다음의 경우 자동차세가 면제된다.

① 경찰이나 환자수송용 차량인 경우

② 자동차 관리법에 따라 자동차매매업으로 등록한 경우

사업자 명의로 등록한 매매용 자동차는 사업자 명의로 등록된 기간에 대해 자동차세를 내지 않게 된다. 즉, 중고차 매매업에서는 자동차가 상품으로서 여겨지기 때문이다.

③ 장애인용 및 국가유공자용 차량으로 자동차세 면제를 신청한 경우

장애인용 및 국가유공자용 차량은 지방자치단체에 자동차세 면제와 취득세 면제 중 하나를 신청할 수 있다. 만약 자동차세 면제를 신청한 경우 해당 차에 대해 자동차세를 면제받게 된다.

3) 자동차세는 얼마를 내는가?

자동차 소유자에게 부과되는 자동차세는 연간 2번에 걸쳐 지방자치단체인 구청, 시청 등에 납부해야 한다. 비영업용 승용자동차는 자동차세와 더불어 자동차세의 30%에 해당하는 지방교육세를 합하여 납부해야 한다.

(1) 승용자동차의 경우

승용자동차란 10인승 이하의 트럭 등을 제외한 자동차를 말하며, 다음 표에 나온 배기량에 cc당 세액을 곱한 금액을 해당 자동차의 연간 자동차세로 한다. 이 연간 자동차세를 제1기분(1월부터 6월까지) 및 제2기분(7월부터 12월까지)으로 나눠서 납부하게 된다. 아래에 제시된 시시당 세액은 지방자치단체의 조례에 따라 50%까지 초과하여 높게 정할 수 있다.

영업용		비영업용	
배기량	시시당 세액	배기량	시시당 세액
1,000cc 이하	18원	1,000cc 이하	80원
1,600cc 이하	18원	1,600cc 이하	140원
2,000cc 이하	19원	1,600cc 초과	200원
2,500cc 이하	19원		
2,500cc 초과	24원		

비영업용 승용자동차 중 해당 승용자동차가 3년 이상인 경우 다음의 식과 경감률을 적용하여 자동차세가 감소하게 된다. 여기서 자동차의 연한이 12년을 초과하게 되면 그 차령을 12년으로 본다. 즉 3년 이상 될 때부터 매년 5%씩 자동차세가 감소한다고 생각하면 된다.

비영업용 승용자동차 1대의 각 기분 자동차세=A/2-(A/2 × 5/100)(n-2)

A: 위 표에 의한 당해 자동차의 연간 자동차세

n: 차령(2≤n≥12)

만약 영업용과 영업용이 아닌 1,998cc 자동차에 대해 차령 기산일이 2011년 3월 2일인 승용차의 자동차세를 생각해 보자. 차량 기산일이란 자동차 관리법에 따라 차량제작연도에 등록된 자동차는 최초의 신규 등록일을 기산일로 하고 제작연도에 등록되지 아니한 자동차는 제작연도의 말일을 기산일로 한다.

먼저 차량 기산일에 따른 차령 계산방법은 다음과 같다.

① 기산일이 1월 1일부터 6월 30일까지의 기간에 있는 자동차의 차령
   =과세연도-기산일이 속하는 연도+1

② 기산일이 7월 1일부터 12월 31일까지의 기간에 있는 자동차의 차령
   가. 제1기분 차령=과세연도-기산일이 속하는 연도
   나. 제2기분 차령=과세연도-기산일이 속하는 연도+1

위 차량의 기산일은 1월 1일부터 6월 30일까지의 기간에 속하므로 2016년도의 자동차세 계산을 위한 차령은 6년이 된다(2016-2011+1=6년).

이제 영업용과 비영업용의 경우 각 기분 자동차세가 어떻게 달라지는

지 살펴보자.

① 각 기분 영업용 승용자동차 자동차세=*37,962원/2=18,981원

*1,998cc×19원=37,962원

☞ 연간 납부할 자동차세: *37,962원(18,981원×2)

② 각 기분 비영업용 승용자동차 자동차세=**399,600/2-(399,600/2 ×5/100)×(6-2)=159,840원

**1,998cc×200원=399,600원

☞ 연간 납부할 자동차세와 지방교육세: 415,584원

자동차세(159,840원×2=319,680원)+지방교육세(319,680원× 30%=95,904원)=415,584원

결국, 1,988cc 승용차의 경우 영업용과 비영업용의 지방교육세를 포함한 연간 자동차세 차이는 377,622원이 되는 것이다. 앞에서 설명한 것처럼 비영업용 승용자동차는 지방교육세가 추가로 부과되기 때문에 부담이 좀 더 증가한다. 비영업용 승용자동차에는 전기차도 포함될 수 있다. 전기 승용자동차도 영업용과 비영업용이 있기 때문이다. 업무용 승용자동차 역시 비영업용 승용자동차에 속하기 때문에 자동차세의 30%에 해당하는 지방교육세를 합하여 내야 한다.

영업사원 입장에서는 정확하게 자동차세를 계산해 내는 것이 중요한 것은 아니지만, 이런 논리에 의해 계산한다는 것을 알고 있다면 고객과 상담 시 좀 더 전문적인 상담이 가능할 것으로 여겨진다.

(2) 승용자동차가 아닌 경우

구 분		영업용	비영업용
그 밖의 승용자동차[4]		20,000원	100,000원
승합자동차	고속버스	100,000원	–
	대형전세버스	70,000원	–
	소형전세버스	50,000원	–
	대형일반버스	42,000원	115,000원
	소형일반버스	25,000원	65,000원
화물자동차	1,000킬로그램 이하	6,600원	28,500원
	2,000 킬로그램 이하	9,600원	43,500원
	4,000킬로그램 이하	18,000원	63,000원
	5,000 킬로그램 이하	22,500원	79,500원
	8,000 킬로그램 이하	36,000원	130,500원
	1만 킬로그램 이하	45,000원	157,500원
특수자동차	대형특수자동차	36,000원	157,500원
	소형특수자동차	13,500원	58,500원
3륜 이하 소형자동차		3,300원	18,000원

　화물자동차는 적재적량 1만 킬로그램이 초과하는 경우 1만 킬로그램이 초과할 때마다 '1만 킬로그램 이하의 세액'에 영업용은 1만 원, 비영업용은 3만 원을 가산한 금액이 1대당 연간 자동차세액이 된다. 실무 적용 시 1만5천 킬로그램 적재량의 영업용 덤프트럭이라면 1만 킬로그램을 초과하는 적재량이 5천 킬로그램으로 추가 1만 킬로그램에 미달하기 때문에 1만 원 추가 없이 45,000원을 적용받게 된다. 승용자동차가 아니기 때문에 자동차세에 대한 지방교육세는 추가로 부과하지 않는다. 만약 2만5천 킬로그램 적재량인 경우는 45,000원에 1만 원을 더한 55,000원이 자동차세가 된다. 영업용 콘크리트 믹서차량은 최대

4　'그 밖의 승용자동차'란 전기, 태양열 및 알코올을 이용하여 운행하는 승용자동차를 말하는 것이다.

적재량이 1만 킬로그램을 초과하는 화물자동차로 본다. 따라서 8천 킬로그램의 적재량일지라도 45,000원에서 시작한다. 1만5천 킬로그램 적재량도 위의 덤프트럭 계산법과 같이 45,000원을 적용받는다. 2만5천 킬로그램이면 1만 원이 더해진 55,000원을 적용받게 된다.

영업용과 비영업용의 구분은 이전에 살펴본 바와 같이 '영업용'이란 「여객자동차 운수사업법」 또는 「화물자동차 운수사업법」에 따라 면허(등록 포함)를 받거나 「건설기계관리법」에 따라 건설기계대여업의 등록을 하고 사업에 사용하는 것이고, '비영업용'이란 개인 또는 법인이 영업용 외의 용도에 사용하거나 국가 또는 지방공공단체가 공용으로 사용하는 것을 말한다. 즉, 위의 영업용 외에 승용차 등을 업무용으로 사용하는 것은 비영업용 차량에 속하는 것이다.

4) 자동차세 징수방법은 무엇인가?

(1) 자동차세 정기 징수

자동차세는 1대당 연세액의 1/2의 금액을 나누어 납부하게 된다. 단, 비영업용 승용자동차의 경우는 각 기분 세액을 위에서 계산한 방식에 의해 세금을 내게 된다. 각 기간 내에 그 납기가 있는 달의 1일 현재의 자동차 소유자(예를 들어 1기분의 경우 6월 1일의 자동차 소유자)로부터 자동차 소재지를 담당하는 지방자차단체에서 징수하게 된다.

기분	기 간	납 기
제1기분	1월부터 6월까지	6월 16일부터 6월 30일까지
제2기분	7월부터 12월까지	12월 16일부터 12월 31일까지

(2) 자동차세 수시 징수

정기적인 자동차세 납부 시점 사이에 자동차를 아래와 같이 양도·양수 등을 하는 경우 지방자치 단체는 자동차등록 시점을 기준으로 자동차세를 일할 계산하여 수시징수할 수 있다.

① 자동차를 신규등록 또는 말소등록 하는 경우
② 해당 자동차가 비과세 또는 감면대상이 되거나, 비과세 또는 감면 대상 자동차가 과세대상이 되는 경우
③ 영업용 자동차가 비영업용이 되거나, 비영업용 자동차가 영업용이 되는 경우
④ 매매나 증여 등으로 승계취득하는 경우

납부할 자동차세는 기별로 일할 계산한다. 예를 들어, 1기에 납부할 자동차세가 20만 원이고 3월 1일에 중고차를 지인으로부터 구입해 등록한 경우라면 판매한 사람이 납부할 자동차세는 2개월분인 65,193원 (20만 원×59일/181일)이 되고 구매한 사람이 납부할 세금은 4개월분인 134,807원이 된다. 판매한 사람은 자동차 이전 등록일이 속한 달의 다음 달인 4월에 납부통지서를 받아 납부하게 되고, 구매한 사람은 상반기 정기분 납부 시점인 6월에 통지서를 받아 납부하게 된다.

5) 자동차세를 절세하는 방법은 무엇인가?

납세의무자가 연세액을 한번에 납부하는 경우 그 납부할 세액의 10%를 공제해 주고 있다. 만약 1월 16일부터 1월 31일까지의 기간에 신고납부하는 경우에는 연세액의 10%를 감해주고, 제1기분 납기 중인 6월 16일부터 6월 30일까지의 기간에 2기분의 자동차세액을 신고납부하는 경우는 2기분에 해당하는 세액의 10%를 감해주는 것이다. 이 기간 전에 자동차세 감면용 납부서가 통지되지만, 혹시 받지 못한 경우는 각 지자체 자동차세 담당자에게 문의하면 납부 안내와 더불어 자동차세 납부서를 보내준다.

2장

사업자 고객 상담을 위한 준비 하기

개인사업자 혹은 법인 대표와 상담하는 경우 사업자에 대한 이해가 없다면 상담 시 전문성을 인정받지 못할 수 있다. 특히 자동차로 인한 절세금액 계산을 요청받게 되면 난감해지게 된다. 따라서 영업사원은 사업자에 대한 이해와 더불어 자동차 구매, 리스 혹은 렌트 시 절세금액을 계산할 수 있어야 한다.

1. 개인사업자와 법인사업자의 차이 이해하기

자동차 관련세법을 이해하고 상담하기 위해서는 개인사업자와 법인사업자의 차이를 이해하는 것이 필요하다. 먼저 영업사원의 소득을 가지고 이해해 보자.

1) 영업사원들은 두 가지 소득을 합하여 종합소득세 신고를 한다.

자동차 영업사원들은 보통 두 종류의 소득이 있다. 하나는 회사에서 주는 근로소득이고 다른 하나는 캐피탈사나 렌트사에서 지급하는 사업소득이다. 사업소득에 대해서는 받을 때 3.3%의 세금을 미리 떼고 받는다. 이때 3%는 국세이고 0.3%는 지방세이다.

회사에서 받는 근로소득에 대해 다음 해 2월에 연말정산을 하게 되는데 만약 연말정산을 하지 못했다면 어떤 문제가 발생할 것인가? 정답은 아무런 문제가 없다. 근로소득 외에 다른 소득이 있는 사람은 5월에 종합소득세 신고를 하게 되는데 이때 하면 되는 것이다. 근로소득 외에 다른 소득이 없는 사람도 5월에 연말정산 내용을 반영해 신고하거나 수정하는 것이 가능하다. 영업사원은 대부분 두 가지 이상의 소득을 합하여 5월에 종합소득세 신고를 할 것이다.

종합소득세 신고란 모든 소득을 종합해 신고한다는 의미이다. 모든 소득을 종합했을 때 발생하는 효과는 세율이 높아진다는 것이다. 세율이 높아지면 낼 세금도 많아지게 된다.

2) 사업소득이란 무엇인가?

사업소득이란 종속되지 않고 일을 하면서 지속적인 수입이 발생하는 경우를 말한다. 영업사원은 캐피탈사나 렌트사에 속해 있는 직원이 아니고 차를 팔 때마다 발생하는 연속성 있는 수입이기에 이런 소득을 사업소득으로 분류하는 것이다.

사업소득자는 다시 두 가지 유형으로 구분해 볼 수 있다. 사업자등록증을 가진 사업자와, 사업자등록증이 없는 자동차 영업사원과 같은 프리랜서이다. 사업자등록증이 있든 없든 그 소득의 성격이 같기 때문에 종합소득세 세금계산과 신고방식은 동일하다.

3) 개인사업자는 세 가지 유형이 있다

개인사업자는 다시 직전 연도 매출(수입)에 따라 세 가지 유형으로 구분된다. 매출(수입)이 가장 적은 사업자를 간편장부 대상자, 그 위를 복식부기 대상자 그리고 매출이 가장 많은 사업자를 성실 사업자로 구분한다. 이 구분은 업종에 따라 달라진다. 복식부기와 간편장부 대상자는 해당 과세연도 직전 연도 매출을 기준으로 하고, 성실신고 대상자는 해당 과세연도 매출을 기준으로 한다. 아래의 기준에서 만약 2018년도 소득에 대한 신고인 경우 2018년도 매출이 15억인 도매업자는 성실 사업자가 되는 것이다. 또한, 해당 사업자의 2017년도 매출이 5억이고 2018년도 매출이 7억이라면 전년도인 2017년 기준으로 해당 도매업자는 복식부기신고 대상자이지만 성실신고 대상자는 아니다.

※ 업종과 매출에 따른 장부기장 의무 구분 (2018년~2019년)

업 종	간편장부	복식부기	성실신고
	과세대상 연도의 직전 연도 매출		과세대상 연도 매출
농업·임업 및 어업, 광업, 도매 및 소매업(상품중개업을 제외한다), 부동산매매업.	3억 원 미만 혹은 신규사업자	3억 원 이상	15억 원 이상
제조업, 숙박 및 음식점업, 전기·가스·증기 및 수도사업, 하수·폐기물처리·원료재생 및 환경복원업, 건설업(비주거용 건물 건설업은 제외하고, 주거용 건물 개발 및 공급업을 포함한다), 운수업, 출판·영상·방송통신 및 정보서비스업, 금융 및 보험업, 상품중개업.	1억 5천만 원 미만 혹은 신규사업자	1억 5천 만 원 이상	7억 5천 만 원 이상
부동산임대업, 부동산관련 서비스업, 임대업(부동산임대업을 제외한다), 전문·과학 및 기술서비스업, 사업시설관리 및 사업지원서비스업, 교육서비스업, 보건업 및 사회복지서비스업, 예술·스포츠 및 여가 관련 서비스업, 협회 및 단체, 수리 및 기타 개인 서비스업.	7천5백만 원 미만 혹은 신규사업자	7천5백 만 원 이상	5억 원 이상

성실 사업자는 2016년분 매출에 대해 신고할 때부터 '업무용 승용차에 대한 개정된 세법'을 적용한다. 즉 2017년 6월까지 종합소득세 신고

시부터 적용된다. 성실 사업자는 6월 말까지 종합소득세 신고가 가능하다. 복식부기 의무자는 2017년 매출부터 적용한다. 즉, 2018년 5월 종합소득세 신고 시부터 업무용 승용차 관련 개정세법을 적용해 신고하게 된다. 간편장부 대상자는 '업무용 승용차 개정세법'의 적용을 받지 않는다. 위 매출액 기준으로 봤을 때 간편장부 대상자인 사업자가 9인승 미만의 업무용 승용차를 구매한 경우라도 개정된 세법은 고민할 필요가 없다는 의미이다. 즉, 관련된 감가상각비, 리스비, 렌트비 및 보험료, 수리비, 자동차세 등 모든 비용이 그해 인정받을 수 있다는 의미이다.

4) 법인이란 무엇인가?

법인이란 무엇인가? 사람이 태어나면 호적에 등록되면서 한 명의 인간으로 세상에서 역할을 시작한다. 기업체는 법인등기를 함으로써 하나의 회사로서 법적 권한과 의무를 부여받게 된다. 법인사업자는 사업연도가 종결된 후 3개월 이내에 법인세를 신고하게 되어있다. 보통 사업연도는 12월 말에 끝나므로 다음 해 1월부터 3월 사이에 법인세 신고와 납부를 하게 된다.

영업사원들이 많이 상담하는 중소기업의 대표들은 법인의 1인 주주인 경우가 많다. 즉 그 회사의 주식을 100% 가지고 있는 것이다. 주의할 점은 100% 주주인 대표와 그 회사는 별개의 존재라는 생각을 해야한다. 이 생각을 하지 못하고 회사 통장의 돈을 개인적으로 쓴 경우 횡령이나 세무조사 대상이 될 수 있다.

한 명의 대표가 2~3개의 회사를 경영하는 경우가 있는데, 그렇다고 법인세 신고 시 이를 종합하여 신고하지는 않는다. 개인사업자와 달리 각각의 회사를 별개로 하여 신고해야 한다.

2. 사업자의 납부할 세금 계산해 보기

개인사업자와 법인의 세금구조를 이해하는 것은 고객에게 차량구매 시 절세금액을 계산해 주는데 꼭 필요하다. 이 구조를 알고 있으면 고객과 상담 시 여러분의 전문성을 보여줄 수 있을 것이다.

1) 개인사업자의 세금 계산해 보기

(1) 개인사업자의 과세표준이란 무엇인가?

개인사업자의 세금계산구조를 간단히 말한다면 매출(수입)에서 경비를 빼고 종합소득공제를 뺀 과세표준에 세율을 곱하면 된다. 과세표준이란 세율을 곱하기 전의 과세대상 금액이란 의미이다.

이강산 사장님은 '이가네 치킨'을 운영하고 있다. 매출은 연간 1억 원, 임차료, 재료비 등 각종 경비는 6천5백만 원, 그리고 종합소득공제는 5백만 원이라고 가정해 보자.

사업자의 경우 종합소득공제는 부양가족공제라고 하는 기본공제가 대표적이고 국민연금보험료 공제, 소상공인 공제 등 몇 가지가 있다. 우리는 정확한 절세금액을 계산하는 것을 목적으로 하지 않기 때문에 대략적인 종합소득공제 금액을 계산하면 된다. 정확한 절세금액 계산은 종합소득세 신고 시 손익계산서를 만들어야 가능하다. 담당 세무사가 아니라면 정확한 절세금액 계산은 쉽지 않다. 고객과 상담 시 고객이 알고 싶은 것은 대략 얼마 정도 절세되느냐이지 정확히 절세금액이 얼마이냐가 아니다.

예를 들어 부양가족 없이 본인만 있다면 150만 원이 기본적으로 공제된다. 여기에 만약 국민연금을 연간 150만 원 납부한다면 총 공제액은 약 300만 원이 된다. 물론 다른 공제는 없다고 가정한 경우이다. 주의할 점은 국민연금은 만60세 이상의 고객은 대부분 납부하지 않기 때문에 공제금액도 없다는 것이다.

본인 외에 부양가족이 3명인 경우 총 부양가족 공제는 4명×150만 원인 600만 원이 되고 국민연금을 150만 원 납부한 경우 연금보험료 공제가 150만 원 추가되어 총 종합소득세 공제는 750만 원이 된다. 공제 등에 관한 사항은 뒷장의 '영업사원의 종합소득세 절세'에서 좀 더 설명하고자 한다. 이제 좀 더 단순하게 생각해 보자. 종합소득세 공제는 본인만 있다면 300만 원에서 부양가족이 많은 경우 1,000만 원까지 받는다고 가정하고 적절한 금액을 빼주면 된다. 종합소득공제가 어렵다면 고려하지 않고 계산해도 대략의 과세표준 금액 계산이 가능하다. 즉, 매출에서 각종 비용을 뺀 금액을 과세표준으로 생각해도 고객 상담 시 절세금액 계산의 목적에서는 크게 벗어나지 않는다.

(2) 납부할 세금을 계산해 보자.

① 세금계산 하는 첫 번째 방법

이강산 사장님의 경우 세율을 곱하기 전 과세표준은 3천만 원이 되고 여기에 세율을 곱하면 세금이 나온다. 과세표준이란 세금을 부과하는 기준금액이다. 이 과세표준에 세율을 곱하면 세금이 계산된다. 세율표를 보면 과세표준 3천만 원이면 15% 세율구간에 속한다는 것을 알 수 있다. 그러면 세금은 3천만 원×15%인 450만 원일까? 그렇지 않다. 영업사원들이 잘못 알고 있는 것은 세율구간이 15%이면 3천만 원에 대해 15%가 모두 적용된다고 생각하는 것이다.

세금 계산 시는 과세표준을 세율구간별로 나누어 생각해야 한다. 해당 구간에서만 그 세율이 적용되기 때문에 만약 모든 구간에 동일한 세율을 적용하면 세금을 잘못 계산하게 되는 것이다. 3천만 원은 세율구간별로 1원에서 1,200만 원까지와 1,200만 원 초과에서 3천만 원까지로 나눠 볼 수 있다. 구간별로 세율을 적용해 계산해 보면 1,200만 원×6%+1,800만 원×15%가 된다. 계산을 해보면 342만 원이다. 지금 계산한 세금을 국세라 한다. 국세는 세무서에 납부하고 국가사업 예산으로 사용된다. 국세에 10%는 지방소득세로 납부해야 한다. 지방소득세는 지방자치단체에 납부하고 각 지방자치단체의 예산으로 사용된다. 지방소득세를 34만2천 원 추가로 납부해야 하기 때문에 국세가 342만 원이면 실제 부담할 세금은 376만 2천 원이 된다.

개인사업자의 종합소득세 계산 시 정확한 계산을 원한다면 위의 세액에서 각종 세액공제 등을 빼줘야 정확히 납부할 세액이 나오지만, 영업사원 입장에서는 세액공제까지 고민할 필요는 없다. 약간의 납부세액이 차이나는 것은 자동차 구매고객과 상담 목적상 중요한 것이 아니다.

※ 개인사업자의 세금계산 1(국세)

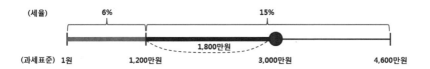

- 납부할 세금(국세)=1,200만 원×6%+1,800만 원×15%=342만 원
- 납부할 총 세금(국세+지방세)=342만 원+34만 2천 원=376만 2천 원

② 세금계산 하는 두 번째 방법

위 방법이 어렵게 느껴진다면 세금을 좀 더 간단히 계산해 볼 수 있다. 만약 과세표준 3천만 원에 15% 세율을 적용하여 곱한다면, 그 밑의 세율구간의 과세표준은 억울할 것이다. 즉 1,200만 원까지는 6% 세율을 적용해야 하는데 15% 세율을 적용받게 되면 9%만큼 억울해진다. 1,200만 원의 9%는 108만 원이다. 이 억울한 금액을 누진공제라 한다.

3,000만 원에 대해 15%를 곱한 다음 억울한 108만 원을 빼주면 세금을 좀 더 간단히 계산할 수 있다. 3,000만 원×15%-108만 원은

342만 원이 되며, 여기에 지방소득세 10%인 34만2천 원을 합하면 총 세금은 376만2천 원이 된다. 첫 번째 방법과 결과는 같다.

※ 개인사업자의 세금계산 2(국세)

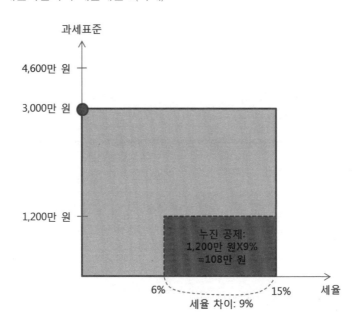

- 납부할 세금(국세)=3,000만 원×15%-108만 원=342만 원
- 납부할 총 세금(국세+지방세)=342만 원+34만 2천 원=376만 2천 원

세금을 낼 때 국세와 지방세를 낸다면 환급될 때 역시 국세와 지방세 두 가지가 환급된다. 국세는 6월 말까지 환급되며, 지방소득세는 7월 말까지 환급되나 지자체 사정에 따라 다소 늦어지는 경우도 있다. 세금을 계산할 때 지방세까지 고려해야 실제 부담할 세금을 정확히 계산하는 것이다.

(3) 개인사업자의 세율은 어떻게 되는가?

과세표준을 나누어서 세율을 적용해야 한다. 과세표준 3천만 원인 경우 세율표에서 15%에 속하는데 이를 최고세율이라고 표현한다. 최고세율이 15%라고 해서 3천만 원에 15% 세율을 모두 적용한다는 의미는 아니다. 2018년부터 적용되는 세율의 경우 1원에서 1,200만 원까지는 6%, 1천 2백만 원 초과 4천6백만 원까지는 15%, 4천6백만 원 초과 8천8백만 원까지는 24%, 8천8백만 원에서 1억 5천만 원까지는 35%, 1억 5천만 원 초과 3억 원까지는 38%, 3억 원 초과 5억 원까지는 40%, 5억 원 초과는 42%의 세율이 적용된다. 세율은 매년 변동할 수 있으므로 세금을 계산하는 해의 세율을 미리 알고 있어야 한다.

2) 법인의 세금 계산해 보기

법인도 개인사업자와 세금계산하는 방식은 동일하다. 사례를 가지고 생각해 보자.

(1) 법인의 과세표준은 무엇인가?

법인의 세금계산을 위해 먼저 과세표준을 알아야 한다. 나성실 사장님은 (주)GL 이라는 회사를 운영하고 있다. 회사의 연간 매출은 10억 원이고 각종 경비는 7억 5천만 원이라고 한다면 과세표준은 2억 5천만 원이 된다. 법인은 공제가 없다고 보면 되므로 매출에서 경비를 뺀 금액이 과세표준이라 생각해도 우리의 상담 목적상 문제가 없다.

(2) 납부할 세금을 계산해 보자.

개인사업자의 세금계산과 같이 두 가지 방법으로 계산해 볼 수 있다.

① 세금계산 하는 첫 번째 방법

과세표준이 2억 5천만이면 2억까지는 10% 세율이 적용되고, 5천만 원은 20% 세율이 적용된다. 따라서 국세는 2억 원×10%와 5천만 원 ×20%를 합친 3천만 원이 된다. 법인 지방소득세는 국세의 10%인 3 백만 원이 된다. 따라서 총 납부할 세금은 3천3백만 원이다. 물론 세 액공제 세액감면 등 여러 계산항목이 있지만, 우리의 목적은 고객 상 담 시 차량경비에 따른 절세금액 계산이기 때문에 필요한 내용만 알 면 된다.

※ 법인의 세금계산 1(국세)

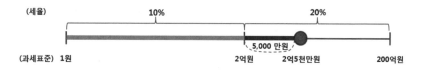

(세율)　　　　　　　10%　　　　　　　　　　　20%

5,000 만원

(과세표준) 1원　　　　　　　　　　2억원　　2억5천만원　　　　200억원

- 납부할 세금(국세)=2억 원×10%+5천만 원×20%=3천만 원
- 납부할 총 세금(국세+지방세)=3,000만 원+300만 원=3천3백만 원

② 세금계산 하는 두 번째 방법

두 번째 방법은 누진공제를 활용하는 방법이다. 2억 5천만 원에 20% 의 세율을 곱하고 억울한 금액인 누진공제 2천만 원을 빼주는 방법이 다. 이렇게 계산하면 세금이 3천만 원이 된다. 여기에 법인 지방소득세 3백만 원을 합하면 총 납부세금은 3천3백만 원이 된다.

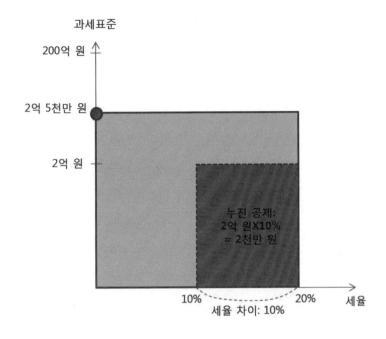

- 납부할 세금(국세)=2억5천만 원×20%-2천만 원=3천만 원
- 납부할 총 세금(국세+지방세)=3,000만 원+300만 원=3천3백만 원

(3) 법인의 세율은 어떻게 되는가?

2018년부터 적용되는 법인세율은 과세표준이 2억 원 이하는 10%, 2억 원 초과 2백억 원 이하는 20%, 2백억 원 초과 3천억 원 이하는 22%, 3천억 원 초과는 25%의 세율을 적용받는다. 법인세율 적용도 개인 소득세율과 마찬가지 방식으로 구간을 나누어 적용한다. 예를 들어 과세표준이 5억 원이라고 해서 모두 20%를 적용하는 것이 아니다. 2억 원은 10%, 2억 원에서 5억 원 사이인 3억 원은 20%의 세율을 적용하는 방식이다.

개인사업자			
과세표준	세율(%)		국세 누진공제
	국 세	국세+지방세	
5억 원 초과	42	46.2	3,540만 원
3억 원 초과 5억 원 이하	40	44	2,540만 원
1억 5천만 원 초과 3억 원 이하	38	41.8	1,940만 원
8천 8백만 원 초과 1억 5천만 원 이하	35	38.5	1,490만 원
4천 6백만 원 초과 8천 8백만 원 이하	24	26.4	522만 원
1천 2백만 원 초과 4천6백만 원 이하	15	16.5	108만 원
1천 2백만 원 이하	6	6.6	–

법 인			
과세표준	세율(%)		국세 누진공제
	국 세	국세+지방세	
3,000억 원 초과	25	27.5	94억 2천만 원
200억 원 초과 3,000억 원 이하	22	24.2	4억 2천만 원
2억 원 초과 200억 원 이하	20	22	2천만 원
2억 원 이하	10	11	–

3. 차량경비에 따른 절세금액 상담하기

세금계산 방식을 이해했다면 차량경비에 따른 절세금액 상담도 잘 할 수 있을 것이다. 자동차 판매상담을 하는 경우 사업자인 고객이 해

---

5   위 세율은 2018년 소득에 대한 세율이며 매년 변동 가능하므로 세금 계산하는 해당 사업연도의 세율과 누진공제를 확인할 필요가 있다.

당 차량에 따른 절세금액이 얼마인지 물어보는 경우가 있다. 이때 적절하게 대답하지 못해 얼버무렸던 경험이 한두 번씩은 있을 것이다. 이제 자동차 관련 경비가 다른 경비에 추가하여 들어가는 경우 절세금액을 계산하는 방법을 개인사업자와 법인으로 구분하여 알아보자.

1) 개인사업자의 절세금액 상담하기

(1) 개인사업자의 차량 관련 경비를 포함하기 전과 후의 과세표준 차이를 먼저 생각하자.

위 사례에서 '이가네 치킨'의 과세표준이 3천만인 경우를 다시 생각해보자. 이 3천만 원은 자동차 관련 경비를 포함하기 전의 금액이다. 이 경우 그해에 1천만 원의 자동차 관련비용이 세법상 가능하다고 한다면 이로 인한 절세금액은 얼마가 될 것인가. 예들 들어 자동차 관련비용을 1천만 원으로 가정한 것일 뿐 자동차 관련비용이 1천만 원밖에 인정되지 않는다고 생각하면 안 된다. 이에 대한 자세한 사항은 뒤에서 설명하도록 하겠다.

자동차 관련 경비 반영 전 과세표준이 3천만 원이기 때문에 자동차 관련 경비 1천만 원이 추가로 반영되면 과세표준은 2천만 원으로 바뀌게 된다. 절세금액은 과세표준 3천만 원일 때 세금과 과세표준이 2천만 원으로 변경됐을 때의 세금 차이이다.

(2) 과세표준 차이에 세율을 곱하면 절세금액이 된다.

과세표준이 2천만 원으로 바뀐다 할지라도 여전히 세율은 15%를 적용받는다. 간단히 계산해 보면 절세되는 금액은 과세표준 3천만 원과 2천만 원의 차이 금액 1천만 원에 15%를 곱한 150만 원이 절세되는 금액이 된다. 이 경우 틀린 것은 아니지만 80% 정답 수준이라 할 수 있다. 저자가 절세되는 금액을 계산한다면 165만 원이 된다. 왜 그럴까? 지방소득세 때문이다. 국세 납부 시는 10% 지방소득세를 같이 내게 되어있다. 반대로 국세가 줄어들게 되면 지방소득세도 줄어든다고 볼 수 있다. 따라서, 국세 절세금액에 지방소득세 절세금액을 합해줘야 정확한 절세금액이 계산된다.

(3) 과세표준 차이로 세율이 변동되면 좀 더 신경 써야 한다.

만약 동일하게 자동차 관련비용을 빼기 전의 과세표준이 3천만 원인 경우 세법상 그해에 2천만 원의 자동차 관련비용을 인정받을 수 있다고 한다면 절세되는 금액을 어떻게 계산할 수 있을까? 간단하게 2천만 원에 15% 세율을 곱한 후 지방세 10%를 더해 절세금액을 구하고 싶은 유혹이 있을 수 있다. 하지만 이렇게 하면 올바른 절세금액을 구할 수 없다. 그 이유는 무엇일까?

그것은 바로 세율이 변동하기 때문이다. 앞에서 설명한 납부할 세금을 계산할 때와 마찬가지 이유인 것이다. 자동차 관련비용을 빼기 전의 과세표준이 3천만 원이라고 한다면, 추가로 2천만 원의 자동차 관련 비용이 들어가게 되면 과세표준은 1천만 원으로 변하게 된다. 그 사이에 세율구간이 바뀌게 되는데 1천2백만 원에서 6%와 15%의 세율변동이 발생한다. 이때에는 과세표준을 나눠서 절세금액을 계산해야 한다. 3천만 원에서 1천 2백만 원 사이 금액은 1천 8백만 원이고 1천2백만 원에서 1천만 원(자동차 경비 반영 후 바뀐 과세표준) 사이 금액은 2백만 원이 된다. 이 구간을 나눠서 계산해 보자. 국세 절세금액은 1천 8백만 원×15%+2백만 원×6%인 282만 원이 된다. 여기에 지방소득세 10%인 28만 2천 원을 합한다면 총 절세금액은 310만 2천 원이 된다.

(4) 좀 더 쉽게 절세금액을 계산해 보자.

좀 더 쉽게 절세금액을 계산하는 방법이 있다. 자동차 관련 경비를 반영하기 전의 과세표준시 세금과 자동차 관련 경비를 반영한 후 과세표준시 세금의 차액을 계산하면 절세되는 금액을 계산할 수 있다.

세금을 간단히 계산하기 위해 사용하는 것이 누진공제이다. 만약 과세표준 3천만 원인 경우 15% 세율을 모두 적용하게 되면 1원에서 1천2백만 원 사이의 과세표준은 억울할 것이다. 이 구간은 원래 세율이 6% 구간이기 때문에 9%만큼 억울해질 것이다. 이 억울한 금액은 108만 원(1천2백만 원×9%)이다. 세금계산 시 과세표준 3천만 원에 15% 세율을 일괄적으로 곱하고 억울한 부분인 108만 원을 빼주면 간단히 세금을 계산할 수 있다. 3천만 원×15%-108만 원은 342만 원이 된다. 여기에 10% 지방소득세를 합하면 376만2천 원이 된다.

이 방법을 이용해 절세금액을 구해보자. 먼저 자동차 관련비용을 반영하기 전인 과세표준 3천만 원일 때 세금은 국세가 342만 원이다. 자동차 관련비용을 2천만 원 추가로 넣게 되면 과세표준은 1천만 원이고

1천만 원×6%는 60만 원이 된다. 과세표준이 1천만 원인 경우 6% 세율을 적용해도 억울한 부분은 없다. 국세의 차이는 342만 원과 60만 원 차이인 282만 원이 된다. 이 금액이 국세 절세금액이다. 여기에 지방소득세 10%인 28만2천 원을 합하면 310만2천 원이 된다. 이 금액이 총 절세되는 금액이다. 첫 번째 방식과 절세금액은 동일하다. 하지만 자동차 관련경비를 추가함으로 인해 과세표준이 낮아지고 세율이 변동한다면 두 번째 방식이 계산하기 쉬울 것이다.

2) 법인의 절세금액 상담하기

(1) 법인도 절세금액 계산의 원리는 동일하다.

위 사례 ㈜GL의 나성실 사장님은 연간 매출이 10억 원인 사업체를 운영하고 있다. 각종 비용은 8억 5천만이라고 가정해 보자. 이 경우 과세표준은 1억 5천만으로 생각하면 된다. 만약 자동차 관련 경비가 추가로 1천만 원 들어가는 경우 절세되는 금액은 어떻게 구할 수 있을까? 자동차 관련 경비 1천만 원이 들어가는 경우 과세표준은 1억 4천만 원으로 변한다. 이 경우 역시 세율구간은 10%에 해당하므로 절세되는 국세금액은 1천만 원×10%인 100만 원이고 여기에 10% 법인 지방소득세를 합하면 총 절세금액은 110만 원이 된다.

(2) 다른 방법으로 절세금액을 계산해 보자.

두 번째 방법인 자동차 관련 경비를 반영하기 전 금액과 반영한 후 금액의 차이를 이용해 절세금액을 구해보자. 과세표준이 1억 5천만 원인 경우의 국세는 1억 5천만 원×10%인 1천5백만 원이 된다. 자동차 관련 경비 1천만 원이 들어가 과세표준이 1억 4천만 원인 경우 국세는 1억 4천만 원×10%인 1천4백만 원이 되고 둘 간의 차액은 1백만 원이다. 여기에 지방세 10%를 합하면 총 절세가능 금액은 110만 원이 된다.

나성실 사장님의 ㈜GL의 연간 매출이 10억이고 각종 비용이 7억 9천만 원인 경우를 생각해 보자. 이 경우 과세표준은 2억 1천만 원이 된다. 자동차 관련 경비가 추가로 2천만 원 들어간다고 하면 과세표준은 1억 9천만 원으로 바뀌게 된다. 세율표에서 보는 바와 같이 세율이 20%에서 10% 구간에 걸치게 된다. 이 경우 과세표준 2억 1천만 원인 경우 국세는 2억 1천만 원×20%-2천만 원인 2천2백만 원이 된다. 과세표준이 1억 9천만 원인 경우 국세는 1억 9천만 원×10%인 1천9백만 원이 된다. 둘 간의 차액은 3백만 원이고 여기에 법인 지방소득세 10%를 합하면 330만 원이 총 절세금액이다. 세율이 변동하는 경우 두 번째 방법이 더 편하다는 것을 느낄 수 있을 것이다.

🧑‍🤝‍🧑 상담 포인트: 자동차 경비에 따른 절세금액 상담하기

고객과 상담 시 절세금액계산 방법 중 한 가지 방법만을 익혀서 사용하면 된다. 추천하기로는 자동차 관련비용을 반영하기 전의 과세표준 시 세금과 반영 후의 세금 차이를 누진공제를 활용해 계산하는 것이 좋을 듯하다. 누진공제란 이미 설명한 것처럼 동일한 세율을 적용 시 억울해지는 금액이고 이 금액을 빼주면 세금을 복잡하게 계산할 필요가 없어진다.

절세금액계산을 위해 사전에 사업자의 당기순이익이나 소득금액 등을 질문하여 적용되는 세율이 어느 정도일지 파악해야 한다. 정확한 절세금액은 종합소득세 신고 시에나 알 수 있다. 따라서 사업자에게 사전에 대략의 절세금액이라는 점을 알려주는 것이 필요하다.

3) 절세금액 계산 시 주의할 사항

(1) 개인사업자는 모든 소득을 종합해서 생각해야 한다.

박성공 사장님은 '맛있다'분식점을 운영하고 있다. 연간 총 매출은 1억 원이고 각종 비용과 종합소득공제를 합해 6천만 원이라 한다. 이 경우 과세표준은 4천만 원이 된다. 최근에 승용차를 구매하려 하고 있다. 영업사원인 여러분에게 만약 1천만 원의 자동차 관련경비가 추가로 들어간다면 얼마나 절세될지 상담을 받고 싶어한다.

쉽게 생각하면 과세표준이 4천만 원이면 최고세율이 15%이고 1천만 원의 자동차 관련비용을 추가하면 과세표준은 3천만 원으로 역시 세율은 15% 세율구간에 있게 된다. 따라서 1천만 원×15%×1.1(개인 지방소득세 포함)인 165만 원을 절세금액으로 상담해 줄 수 있다.

하지만, 알고 봤더니 박성공 사장님은 분식점 외에 상가 임대사업을 하고 있었다. 이 상가는 부모님으로부터 상속받은 것이었다. 임대수익은 월간 3천만 원이라고 한다. 연간 수입은 3억 6천만 원이 된다. 이 중 사업관련비용이 6천만 원이라고 한다면 과세표준은 3억이 된다.

이 경우 종합소득세 계산 시 과세표준은 분식점 과세표준 4천만 원과 상가 임대소득 과세표준 3억 원이 합쳐진 3억 4천만 원이 된다. 세율은 40%인 것이다. 3억 4천만 원인 과세표준에 자동차 관련경비 1천만 원이 추가로 들어가면 과세표준은 3억 3천만 원으로 변하지만, 세율은 여전히 40% 구간에 있게 된다. 이때 절세되는 국세 금액은 1천만 원×40%인 4백만 원이고 여기에 국세 금액의 10%인 지방소득세를 합하면 총 절세가능 금액은 440만 원이 된다.

※ 개인사업자의 소득합산

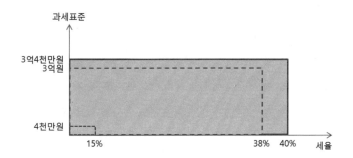

개인사업자는 모든 수익을 종합해서 생각해야 한다. 고객에게 있는 모든 소득을 물어봐야 한다. 사업체가 여럿인 경우도 있지만 때에 따라서는 사업소득과 근로소득이 있는 경우도 있고, 사업자등록증이 있는 사업소득과 프리랜서 사업소득이 같이 있는 경우도 있다. 이 모든 수익을 합해서 계산해야 실수하지 않는다.

(2) 법인은 법인별로 세금을 계산해야 한다.
한 명의 대표가 여러 법인의 대표일지라도 법인세 계산 시는 법인별로 해야 한다. 예를 들어 나성실 대표가 ㈜선인과 ㈜GL 이라는 회사의 대표면 ㈜선인과 ㈜GL의 세금을 별도로 계산하는 것이다. 이미 설명한 것처럼 법인은 대표와 독립적인 존재로 생각해야 한다. 만약 개인사업체였다면 두 사업체의 소득은 합산되어 종합소득세로 신고되어야 하지만, 법인이기 때문에 회사별로 법인세를 계산해야 한다.

(3) 고객으로부터 받는 각종 세무자료를 활용하자.

① 개인사업자는 소득금액증명과 부가가치세 과세표준증명을 통해 알 수 있는 정보를 활용하자.

고객이 할부, 리스 및 렌트를 이용하는 경우 '소득금액증명'이나 '부가가치세 과세표준증명'과 같은 소득을 알 수 있는 자료를 받게 된다. 지난해의 자료이긴 하지만 소득이 유사하다면 유용하게 활용할 수 있다.

개인사업자로부터 받는 소득금액증명은 매출에서 비용을 빼고 난 후의 금액이다. 즉 소득금액증명에서 종합소득공제를 빼게 되면 바로 세율을 곱하기 전의 금액인 과세표준이 된다. 앞에서 설명한 것처럼 소득금액증명의 소득금액에서 부양가족 수에 따라 3백만 원에서 1천만 원 사이의 종합소득공제를 빼면 바로 과세표준을 구할 수 있다. 종합소득공제 없이 소득금액증명 상의 소득금액을 과세표준으로 하여 절세금액을 계산해도 많이 틀리지는 않을 것이다.

반면에 부가가치세 과세표준증명은 매출을 나타낸다고 보면 된다. 연간 부가가치세 과세표준증명의 금액이 1억 원이라면 매출이 1억 원이라고 생각해도 좋다. 따라서 부가가치세 과세표준증명에 나온 금액에서 각종 비용과 종합소득세 공제를 빼면 과세표준을 계산할 수 있다. 교육, 금융, 채소, 정육 등 부가가치세 면세사업자인 경우는 '부가가치세 과세표준증명'이 아닌 '부가가치세 면세사업자 수입금액증명'을 서류로 받아야 하고 이를 통해 매출금액을 확인할 수 있다.

② 법인은 재무제표증명을 통해 알 수 있는 정보를 활용하자.

법인사업자도 부가가치세 과세표준증명은 있지만 소득금액증명은 없다. 왜냐하면 소득금액증명은 개인소득에 대한 증명이기 때문이다. 대신 법인은 차량 관련 금융상품 이용 시 재무제표증명을 서류로 받게 된다. 재무제표증명은 손익계산서와 재무상태표 등을 말한다. 특히 손익계산서상의 당기순이익을 과세표준으로 생각하고 절세금액을 계산해도 무방하다.

(4) 사장님께 이렇게 물어보면 대략의 과세표준을 파악할 수 있다.

사장님께 "당기순이익이 얼마나 되세요?"라고 물어보면 대략 얼마라고 말해 줄 것이다. 개인사업자라면 여기에 종합소득공제금액을 빼면 과세표준이 된다. 혹은 친한 사장님은 "매출에서 다 빼고 얼마나 남으세요?"라고 물어보면 당기순이익을 알 수 있다.

세금에 관해 관심 있는 사장님이라면 "세율이 몇 퍼센트에 속하시나요?"라고 물어보면 된다. "내 세율은 35%인데."라고 대답한다면 자동차 관련경비에 국세 35%와 지방세 10%를 더해 절세금액을 계산해 줄 수 있다. 정확한 절세금액은 아닐지라도 상담 시는 유용할 것이다.

이처럼 질문하는 것은 개인사업자와 법인사업자 모두에게 물어볼 수 있다. 조심할 것은 법인은 종합소득공제가 없다는 것이다. 개인사업자인 경우도 종합소득공제 없이 절세금액을 계산해 줘도 상담목적으로는 크게 벗어나지 않을 것이다. 물론 정확한 계산을 위해서는 개인사업자는 종합소득공제를 고려해야 한다. 종합소득공제는 세무사도 종합소득세 신고를 위해 공제관련 자료를 받기 전에는 정확히 모른다고 생각하면 된다.

(5) 소득금액이 많은 개인사업자나 법인의 절세금액 계산이 더 쉽다.

소득이 높아지면 세율 구간이 넓어진다. 예를 들어, 15% 세율 구간은 1천2백만 원 초과부터 4천6백만 원까지이므로 3천4백만 원이 사이의 금액이 된다. 하지만 38% 세율은 1억 5천만 원 초과부터 3억 원까지이므로 1억 5천만 원이 사이의 금액이 된다.

만약 세율이 38% 구간이고 자동차 관련 경비를 넣기 전 과세표준이 3억이라면 2천만 원 차량 관련 경비가 포함되어 과세표준이 2억8천만 원이 되어도 세율은 동일하게 38%이다. 따라서 절세되는 금액은 2천만 원×41.8%(38%+3.8%)인 836만 원이 된다. 즉, 이 경우 세법상 인정되는 차량 관련 경비가 1천만 원이든 5천만 원이든 세율은 같을 가능성이 크고 절세금액은 해당 차량 관련 경비에 지방세를 포함한 해당 구간의 세율인 41.8%를 곱하면 되는 것이다.

법인도 비슷하다. 차량 관련 경비 포함 전 과세표준이 15억이라면 국세 세율은 20%이다. 만약 그해 자동차 관련 경비가 2천만 원 인정되면 과세표준은 14억 8천만 원이 되지만 국세 세율은 역시 20%이다. 따라서 지방세 포함한 절세금액은 2천만 원×22%(20%+2%)인 440만 원이 된다.

위의 경우와 같이 세율이 높아지면 세율이 변동하는 과세표준 구간 사이 금액이 커져 차량 관련 경비 몇천만 원이 들어가도 세율이 변동되지 않는다. 이때는 인정되는 차량 관련 경비에 세율을 곱해 절세금액을 계산할 수 있어서 계산이 단순해지는 것이다.

4. 차량 관련 경비에 따른 절세금액 계산 연습하기

개인사업자와 법인사업자의 절세금액 계산 사례를 통해 그동안 설명한 내용을 연습해 보자. 직접 한 번씩 계산해 본다면 고객 앞에서 자신 있게 절세금액을 상담해 줄 수 있을 것이다. 업무용 승용차와 그 외 자동차의 경비에 따른 절세금액 계산 방법상 차이는 없다. 단지 차이는 업무용 승용차인 경우와 아닌 경우의 경비처리 가능금액이 다르다는 것이다. 경비처리 가능금액은 이후에 좀 더 자세히 설명할 예정이다.

1) 차량 관련 경비 포함 전후에 세율이 변하는 개인사업자

(1) 상황

이명훈 사장은 SJ엔터테인먼트를 운영하는 개인사업자이다. 최근 업무용 승용차를 구매했으며 관련세법에 따라 감가상각비 800만 원과 유류비 등 2천2백만 원을 추가로 인정받을 수 있다고 한다(총 3천만 원).

위 자동차 관련 경비를 포함하기 전 과세표준이 1억 7천만 원인 경우 감가상각비와 유류비로 인해 절세되는 효과는 얼마가 되겠는가?

(2) 절세효과 계산

① 방법 1: 차량 관련 경비를 세율별로 나누어 절세금액 계산하기

※ 과세표준 1억 7천만 원에 3천만 원의 차량 관련 경비를 포함하면 과세표준이 1억 4천만 원이 된다. 1억 5천만 원에서 세율이 변하므로 2천만 원은 38% 세율에서 1천만 원은 35% 세율에서 절세금액을 계산해야 한다.

- 국세: 2,000만 원×38%+1,000만 원×35%=1,110만 원
- 총 절세금액: 1,110만 원+111만 원(지방소득세)=1,221만 원

② 방법 2: 차량 관련 경비 포함 전후의 세금 차이로 계산하기

※ 차량 관련 경비 포함 전 과세표준인 1억 7천만 원에서의 세금과 포함 후 과세표준인 1억 4천만 원에서의 세금의 차이를 계산하면 된다.

- 포함 전 국세: 1억 7천만 원×38%−1,940만 원=4,520만 원
- 포함 후 국세: 1억 4천만 원×35%−1,490만 원=3,410만 원
- 포함 전후의 국세 차이: 4,520만 원−3,410만 원=1,110만 원
- 총 절세금액=1,110만 원+111만 원(개인 지방소득세)=1,221만 원

2) 차량 관련 경비 포함 전후에 세율이 변하는 법인

(1) 상황

㈜진실은 전기재료를 만드는 법인이다. 최근에 업무용 승용차를 구매했으며 관련세법에 따라 감가상각비 800만 원과 유류비 등 2천2백만 원을 추가로 인정받을 수 있다고 한다(총 3천만 원).

위 경비를 포함하기 전 과세표준이 2억 1천만 원인 경우 감가상각비와 유류비로 인해 절세되는 효과는 얼마가 되겠는가?

(2) 절세효과 계산

① 방법 1: 차량 관련 경비를 세율별로 나누어 절세금액 계산하기

※ 과세표준 2억 1천만 원에 3천만 원의 차량 관련 경비를 포함시키면 과세표준이 1억 8천만 원이 된다. 과세표준 2억 원에서 세율이 변하므로 1천만 원은 20% 세율에서 2천만 원은 10% 세율에서 절세금액을 계산해야 한다.

- 국세: 1,000만 원×20%+2,000만 원×10%=400만 원
- 총 절세금액: 400만 원+40만 원(법인 지방소득세)=440만 원

② 방법 2: 차량 관련 경비 포함 전후의 세금 차이로 계산하기

※ 차량 관련 경비 포함 전 과세표준인 2억 1천만 원에서의 세금과 차량 관련 경비 포함 후 과세표준인 1억 8천만 원에서의 세금의 차이를 계산하면 된다.

- 포함 전 국세: 2억 1천만 원×20%−2,000만 원=2,200만 원

- 포함 후 국세: 1억 8천만 원×10%=1,800만 원

- 포함 전후의 국세 차이: 2,200만 원−1,800만 원=400만 원

- 총 절세금액=400만 원+40만 원(법인 지방소득세)=440만 원

3장

고객에게 맞는
자동차 금융 상담하기

자동차를 구매하는 경우 금융을 이용하는 경우가 현금구매보다 더 많다. 자동차 금융에 대한 개념과 비용처리 차이를 이해하고 현금, 할부, 리스 및 렌트의 장단점을 이해한다면 고객과 상담하고 설득하는 데 도움이 될 것이다.

1. 자동차 금융방법에 따른 개념과 비용처리 차이 이해하기

차를 사용하는 방법은 크게 네 가지가 있다. 현금과 할부는 고객이 차를 취득하는 것이고 리스와 렌트는 차를 빌리는 것이다. 이 네 가지 금융방식의 개념 및 비용처리 차이를 알아보자.

(1) 현금, 할부, 금융리스, 운용리스 및 렌트의 기본적인 차이는 무엇인가?

관련법으로 구분하면 할부, 금융리스 및 운용리스 모두 여신전문금융업법의 적용을 받는다. 할부나 금융리스는 금융적 성격을 가진 반면 운용리스는 임대차 성격을 가지고 있다. 렌트는 여객자동차 운수사업법에 따르며 순수하게 민법에서 말하는 임대차가 성립하는 것으로 생각하면 된다. 실제 캐피탈사에서는 리스업과 렌트업을 동시에 하는 경우가 많이 있다.

현금이나 할부는 고객이 모든 소유권을 가지고 고객명으로 등록하는 것이지만, 여신전문금융업법의 영향을 받는 금융리스나 운용리스의 경우 해당 법에 따라 리스사 혹은 고객명으로 등록이 가능하다. 즉, 리스의 경우 대외적인 소유권을 나타내는 자동차 등록 시 고객명으로 가능하다는 의미이다. 등록명의와 관계없이 운용리스와 금융리스 모두 리스계약 시 작성하는 계약서상 소유권은 리스기간이 종료되어 소유권이 이전되기 전에는 리스사에게 있다. 따라서, 혹시 리스기간 중 등록명의가 고객명일지라도 함부로 차량을 처분하거나 근저당을 설정하는 등의 행위는 할 수가 없는 것이다.

등록명의나 계약서상 소유권에도 불구하고 세무상 소유권은 실질적으로 누가 소유하느냐에 의해 결정된다. 운용리스는 리스사가 세무상 소유권이 있는 것으로 보지만 금융리스는 세무상 고객이 소유한 것으로 보기 때문에 이에 따라 회계나 세무처리가 이뤄진다.

자동차보험료에 대해 현금, 할부, 금융리스 및 운용리스는 고객이 부담하지만 렌트는 렌트회사가 부담하게 된다. 또한, 추가자금 대출을 고려하는 경우 할부, 금융리스, 운용리스는 대출로 간주하여 대출 심사 시 신용도 평가와 한도에 영향을 미칠 수 있다. 현금구매와 렌트는 대출로 고려되지 않기 때문에 신용도와 추가 자금대출 한도에 영향을 미치지 않는다. 이외에 정비비용이나 소모품비용에 대해 리스는 대체로 고객이 부담한다. 금융상품에 따라 정비비용을 포함하는 리스도 있다. 정비비용에 대해 국산 자동차에 대한 렌트 시는 렌트사에서 부담하지만, 수입차는 렌트사가 부담하지 않는 경우가 대부분이다. 물론 정비비용이나 소모품비용에 대한 부분은 세부 금융상품이나 리스회사 혹은 렌트회사에 따라 달라질 수 있다.

※ 각 자동차 금융 방법에 따른 차이

구 분		현 금	할 부	금융리스	운용리스	렌 트
성 격		N/A	금융	금융적 성격	임대차적 성격	임대차
관련법		N/A	여신전문금융 업법상 할부금융업자	여신전문금융업법상 시설대여 사업자		여객자동차 운수사업법 상 자동차 대여사업자
소유권	대외적 (등록명의)	고객	고객	리스회사 또는 고객	리스회사 또는 고객	렌트회사
	대내적 (고객과 회사 간 계약서상)	고객	고객	리스회사	리스회사 또는 고객	렌트회사
	세무처리 시 소유권	고객	고객	고객	리스회사 또는 고객	렌트회사
자동차보험료 부담		고객	고객	고객	고객	렌트회사
추가자금 대출 시 영향		없음	있음	있음	있음	없음
비용처리 방법	고객	감가상각비	감가상각비	감가상각비 와 이자비용	지급수수료 (리스비)	지급수수료 (렌트비)
	리스회사/ 렌트회사	N/A	N/A	N/A	감가상각비	감가상각비

(2) 현금과 할부로 구매하는 것은 무엇이 다른가?

현금이나 할부구매는 고객이 자동차를 취득한다는 점과 소유자가 고객이라는 공통점이 있다. 또한 고객이 감가상각을 통해 비용처리한다. 현금은 고객이 일시에 자동차 취득금액을 지급하는 것에 비해 할부는 캐피탈사가 중간에서 고객에게 금융서비스를 제공하는 차이가 있다. 할부금은 매달 나눠서 지급해야 한다. 매달 할부금에는 원금과 이자가 포함된다. 할부금은 정해진 기간에 계속 납부를 하지만 소유권은 현금구매와 동일하게 계약 시점에 고객에게 이전된다는 특징이 있다. 따라서, 고객은 자동차 취득에 대한 세금계산서도 자동차를 출고하는 시점에

받게 된다.

(3) 할부와 금융리스의 차이점은 무엇인가?

할부와 금융리스의 차이는 '형식상 소유권 이전 시점'이라는 점이다. 할부는 계약 시점에 소유권 이전이 되는 반면, 금융리스는 최초 등록 시 고객명 혹은 리스사 명으로 등록할 수 있지만 리스기간 동안 계약서상 소유권은 여전히 리스사에 있게 된다. 통상 일정 기간(보통 3년) 후에 소유권 이전 약정에 의해 소유권이 리스사에서 고객으로 이전된다.

소유권 이전이 있기 전에는 금융리스는 재무상태표상에 금융리스 자산으로 표시되고 차량운반구로 표시되지는 않아도 된다. 할부는 계약과 동시에 재무상태표에 차량운반구로 표시된다.

(4) 금융방법에 따른 비용처리 시 차이점은 무엇인가?

기본적으로 현금, 할부 및 금융리스는 고객이 감가상각 방법에 따라 자동차 자체에 대한 비용처리를 한다. 금융리스의 경우 리스의 한 종류이기 때문에 리스사가 감가상각 비용처리한다고 오해하는 경우가 많이 있다. 하지만 세법에서는 이용고객이 감가상각으로 비용처리하게 되어있다. 따라서 리스사는 금융리스 차량에 대해 비용 처리해서는 안 된다. 금융리스는 감가상각비 외에도 이자비용을 같이 비용처리하는 면에서 현금 및 할부와 다소 차이가 있다. 반면, 운용리스와 렌트의 경우는 고객은 지급하는 리스비나 렌트비를 비용처리하고 리스사나 렌트사는 해당 차량의 감가상각을 통해 비용처리한다.

감가상각 방법을 사용하는 현금, 할부 및 금융리스는 세무상 소유권이 고객에게 있기 때문에 개인사업자나 법인 재무상태표의 자산항목에 차량운반구(현금, 할부의 경우) 혹은 금융리스 자산(금융리스의 경우)으로 표기된다.

회계에 대해 생소한 분들을 위해 간략한 설명을 하면 다음과 같다. 재무제표는 재무상태표(예전 대차대조표)와 손익계산서가 핵심이다. 재무상태표는 회사의 자산, 부채 및 자본을 표시하는 것이고, 손익계산서는 그해 매출과 비용을 통해 당기순이익 혹은 당기순손실을 계산하는 것이다.

2. 운용리스와 금융리스는 어떤 차이가 있는가?

리스는 운용리스와 금융리스로 구분이 된다. 차이점을 좀 더 자세히 살펴보면 다음과 같다.

※ 운용리스와 금융리스의 차이

구 분		금융리스	운용리스	비 고
개 념		리스회사가 고객에게 자동차를 구매할 자금을 대출해 주는 것임	리스회사가 자동차를 구매해 고객에게 빌려주는 임대차 성격임	
소유권	대외적 (등록명의)	리스회사 또는 고객	리스회사 또는 고객	여신전문금융업법상 운용리스와 금융리스 모두 등록 시 리스사 명의와 고객 명의 모두 허용되는 것으로 해석이 되지만, 실무상은 금융리스만 고객명으로 등록하는 경우가 많음
	대내적 (고객과 회사 간 계약서상)	리스회사	리스회사	금융리스는 리스기간 종료 후 계약서상 소유권이 이전됨
	세무처리 시 소유권	고객	리스회사	금융리스는 혜택과 위험이 계약 시 고객에게 이전됨
감가상각은 누가 하는가?		고객	리스회사	감가상각은 '세무상 실질 소유권이 누구에게 있느냐'에 의해 결정됨

(1) 개념

운용리스는 리스회사가 차를 구매해 고객에게 일정 기간(보통 3년) 대여해 주는 개념이고, 금융리스는 리스회사가 고객에게 대출을 해주는 개념이다. 현재 리스를 이용하는 고객의 95% 이상은 운용리스를 이용하고 있으나 고잔가 보장형 금융리스 상품이 다양화됨에 따라 금융리스에 대한 선호가 점점 늘어가고 있다. 리스사에서 만드는 고잔가형 금융리스는 월 납부금액을 줄이고 이자율을 낮춰 리스기간 동안의 금융부담을 줄이고 있다. 물론 리스기간이 종료된 후에 납부해야 할 잔가 금액의 부담은 클 수밖에 없다. 최초 진입장벽이 낮아 주로 젊은 직장

인들이 선호하는 금융상품이 고잔가형 금융리스이다.

(2) 소유권

　개인적인 의견으로는 여신전문금융업법에서는 운용리스와 금융리스를 따로 구분하고 있지 않으므로 모두 고객명 또는 회사명으로등록이 가능하다고 생각한다. 하지만 실무에서는 금융리스만 고객명 혹은 리스 회사명중에 선택하는 경우가 많다. 자동차 등록명과 무관하게 계약서상 소유권은 운용리스와 금융리스 모두 리스회사에 있다. 금융리스는 계약서상 소유권이 리스회사에게 있을지라도 세무상 실질 소유권은 계약이 되면 고객에게 있다고 본다. 회계나 세무에서 소유권 여부는 실질 여부로 판단하기 때문이다. 계약 시점에 위험과 보상(혜택)이 고객에게 이전되었으면 고객이 실질 소유권을 가진 것으로 본다. 통상 금융리스는 일정 기간 후에 반드시 고객이 구매해야 하는 구매약정이 되어있으므로 계약 시점부터 위험과 혜택이 모두 고객에게 이전된 것으로 보는 것이다. 이에 반해 운용리스는 일정 기간 후에 고객이 보증금을 돌려받고 차를 리스사에 반납할지 보증금을 포기하고 차를 소유할지 결정할 수 있기 때문에 계약 시점에 위험과 혜택이 고객에게 이전된 것으로 보지 않는다. 따라서 운용리스의 세무상 실질 소유권은 리스사에 있는 것이다.

　일반적으로 리스는 고객명으로 등록하는 경우가 많지 않다. 계약서상 소유권을 가진 리스사 명으로 일단 등록한 후 계약기간 종료 후에 고객명으로 등록과 소유권 이전을 하는 경우가 대부분이다.

(3) 감가상각

감가상각은 계약의 형식보다는 거래의 실질에 따른 세무상 소유자가 하도록 되어있다. 택배 차량과 같은 지입차량을 생각해 보자. 형식상 택배회사의 차량으로 등록되어 있지만, 실제 주인은 각 개인사업자다. 이 경우 국세청 예규에 따르면 각 차량에 대한 감가상각은 택배회사가 아닌 실제 주인인 각 개인사업자가 할 수 있도록 하고 있다. 이처럼 세법에서는 세법상 실질소유자로 인정되는 개인사업자나 법인이 감가상각으로 비용처리하도록 하고 있다.

금융리스의 세무상 실질소유자는 고객이 된다. 따라서, 계약 이후 고객은 자동차를 자신의 자산으로 생각해 감가상각으로 비용처리하는 것이 가능하다. 금융리스는 감가상각과 이자비용의 두 가지로 비용처리된다. 이에 관한 내용은 뒤에서 좀 더 자세히 다루도록 하겠다.

3. 운용리스와 렌트의 차이는 무엇인가?

운용리스와 렌트는 경비처리 방법이 유사하다. 운용리스와 렌트의 차이를 살펴보면 다음과 같다.

(1) 임대차로 성격은 유사하지만 적용되는 법은 다르다.

운용리스는 캐피탈사에서 자동차를 고객에게 임대하는 것이고, 렌트는 렌트회사에서 자동차를 고객에게 임대하는 것이다. 캐피탈사가 리스와 렌트 사업을 동시에 하는 경우도 있다. 운용리스는 여신전문금융업법을 적용받기 때문에 임대차 성격에도 불구하고 금융의 성격 또한 반영하고 있다. 렌트는 여객자동차 운수사업법을 적용받기 때문에 금융업과는 별개의 독립된 사업으로 보면 된다. 임대차라는 성격은 유사하지만 다른 관련법 적용으로 인해 렌트비에는 부가가치세가 포함되고 리스는 포함되지 않는다. 또한 사업자나 개인의 추가 대출시 리스는 대출한도에 영향을 미치고 있다.

(2) 렌트사가 발행하는 세금계산서에 포함된 부가가치세를 9인승 미만 업무용 승용차를 사용하는 개인사업자와 법인은 공제(환급)받지 못한다.

운용리스는 리스사가 고객에게 자동차를 빌려주면서 받은 리스비에 대해 매월 계산서를 발급해 주고, 렌트는 렌트회사가 고객에게 받은 렌트비에 대해 세금계산서를 발급해 준다. 계산서는 부가가치세가 포함되지 않지만 세금계산서는 부가가치세가 포함된다는 차이가 있다.

리스사는 금융사이다. 금융업은 면세업에 속한다. 면세업은 고객으로부터 부가가치세를 받을 수 없기 때문에 부가가치세가 포함된 세금계산서를 발행할 수 없고 계산서를 발행해야 한다. 면세사업이란 금융, 의료, 교육, 쌀과 같이 부가가치세가 포함되면 최종 소비자에게 부담이 커져 국가에서 정책적으로 부가가치세를 부담시키지 않기 위해 만든 제도이다. 리스사에서 하는 운용리스 사업은 금융업의 부대사업으로 보기 때문에 면세가 적용되는 것이다.

이에 반해, 렌트사는 면세사업과 다른 과세사업이다. 고객으로부터 렌트비에 부가세를 포함해 받고 세금계산서를 발급해 준다. 동일한 캐피탈사에서 리스와 렌트 사업을 모두 하는 경우 렌트사업 부문은 과세사업으로 부가가치세 신고를 해야 한다.

9인승 미만 업무용 승용차는 부가가치세가 공제되지 않는 차량이다. 반면에 9인승 이상 승용차나 영업용 차량 혹은 경차의 경우 렌트비에 대한 부가가치세 공제가 가능하다. 부가가치세가 공제되는 차량에 대해서는 뒤에서 자세히 설명할 예정이다.

예를 들어 부가가치세 포함 전 렌트비가 1백만 원이라면 여기에 10%인 10만 원의 부가가치세가 붙게 된다. 따라서 고객이 매달 지급하는 렌트비는 부가가치세 포함해 110만 원이 된다. 부가가치세를 공제(환급) 받지 못하는 경우 법인세나 종합소득세에서 비용처리는 가능하다. 10만 원의 부가가치세는 공제받지 못하겠지만, 만약 세율이 20%인 법인인 경우 10만 원이 비용처리 된다면 22%(지방세 포함)인 2만2천 원 만큼 법인세를 줄여주는 효과가 발생한다. 개인사업자의 세율이 35%라면 10만 원의 38.5%(지방세 포함)인 3만8천5백 원만큼 종합소득세를 줄여주는 효과가 있다.

(3) 렌트는 자동차보험료 부담이 없다.

렌트는 운용리스와 달리 이용하는 고객이 자동차보험료를 부담하지 않기 때문에 그만큼 비용이 절약된다고 할 수 있다. 자동차보험료는 각 차량이용자마다 달라서 일괄적으로 금액을 적용할 수는 없다. 따라서, 렌트사가 자동차보험료를 부담할 때 느끼는 이익도 각자 다를 수 있다.

(4) 렌트 기간에는 개인의 자동차보험료의 지속적인 할인이 발생하지 않는다.

렌트 기간 중에는 개인적인 자동차보험이 정지되기 때문에 지속적으로 보험료가 감소했던 고객이라면 아쉬울 수 있다. 더구나, 3년 렌트 기간이 지난 후 개인적으로 자동차보험에 재가입하는 경우 렌트 전에 받았던 보험료 할인율이 의미가 없어질 수도 있다. 할인 없이 원점에서 자동차보험에 다시 가입하게 될 수도 있다. 이는 법인도 마찬가지다. 만약 초보운전자인 경우에는 렌트가 더 유리할 수도 있다. 빈번한 사고로 오히려 자동차보험료가 할증되는 문제에서 자유로울 수 있기 때문이다. 정확한 금액은 각 고객이 이용하는 보험사에 문의할 필요가 있다.

(5) 렌트는 추가자금 대출시 기존 대출로 인식되지 않는다.

렌트는 자동차대여사업자가 고객에게 차를 대여해 주는 것이다. 이에 반해 금융리스와 운용리스는 여신전문금융업법상 시설대여 사업자인 캐피탈사가 고객에게 차량 구매 자금을 빌려주거나 리스사가 차를 구매해 대여해 주는 것이다. 운용리스는 임대차 성격이 강함에도 불구하고 금융사에서 진행하다 보니, 실제는 대출받은 것과 같은 효과를 발생시킨다. 실무상 은행이나 캐피탈사에서 대출심사를 하는 경우 운용리스와 금융리스를 구분하지 않고 신용도 평가에 반영하거나 기존 대출금으로 생각하여 신규 대출한도를 계산하기 때문이다. 추가자금 대출을 고려하고 있는 사업자나 개인이 있다면 리스보다는 렌트가 적절한 상품이 될 수 있다. 물론 리스금액이 크지 않다면 추가 대출에 미치는 영향이 크지 않기 때문에 굳이 렌트를 이용할 필요는 없을 것이다.

(6) 렌트는 허, 하, 호 등 특정 번호판을 달아야 한다.

고객에 따라 번호판에 민감한 고객이 있을 수 있다. 이런 고객은 지출 비용 차이를 떠나 번호판이 허, 하, 호이기 때문에 렌트를 기피할 수도 있다. 고객과 상담 시 반드시 니즈 파악을 해봐야 하는 사항이다. 번호 판에 민감한 고객은 렌트보다는 리스를 추천해 주는 것이 좋을 것이다.

(7) 렌트의 순지출액이 더 적을 가능성이 높다.

렌트비는 자동차보험료를 포함한다. 때로는 정비비나 소모품비를 포 함하기도 한다. 부가가치세가 공제되는 차량의 렌트비와 리스비의 순지 출액 차이가 부가가치세가 공제되지 않는 9인승 미만 승용자동차에 비 해 큰 경우가 많다.

※ 운용리스와 렌트의 차이

구 분	운용리스	렌 트
개념	여신전문금융업법상 시설 대여업 자와 고객의 임대차 성격	여객자동차 운수사업법상 자동차 대여사업자와 고객의 임대차
부가가치세	부가가치세 없음	9인승 미만 업무용 승용차는 공제 받지 못하며 그 외 자동차는 공제 가능함
자동차보험료	불포함	포함
개인 자동차보험료 할인	있음	없음
대출한도에 영향	있음	없음
번호판	제한 없음	허, 하, 호
순지출액 차이	렌트가 순지출액이 더 적을 가능성이 높으나 사업자인 경우 부가가치 세가 공제되지 않고 세율이 높으며 개인보험료가 저렴하다면 그 차이는 크지 않을 수 있음	

4. 운용리스와 렌트 중 어떤 금융방법이 지출이 더 적을까?

운영리스와 렌트의 순지출액 계산 시 개인(근로소득자 포함)과 사업자를 구분해 비교해 보자. 사업자인 경우와 아닌 경우의 가장 큰 차이는 렌트비에 포함된 부가가치세 공제(환급) 여부와 비용처리로 인한 절세금액일 것이다.

운용리스와 렌트의 실제 지출비용을 비교하는 것은 쉽지 않다. 개인과 법인마다 자동차보험료가 다를 것이며 차량별 정비비나 소모품비도 차이가 나기 때문이다. 실제 지출비용을 분석하는 경우 이런 것들에 대해 가정을 해야 하기 때문에 정확한 금액 차이를 알기는 쉽지 않다. 여기서는 정비비나 소모품비는 고려하지 않기로 한다. 리스나 렌트 기간은 3년이고 자동차보험료는 100만 원으로 가정하였다. 또한, 차량에 대한 보증금은 30%[6]이고 선납금은 없는 것으로 가정하였다.

1) 개인이나 근로소득자인 경우

개인이나 근로소득자는 사업자가 아니기 때문에 부가가치세 공제가 되지 않는다. 또한, 근로소득자는 신용카드로 렌트비는 결제할 수 있으나, 리스비는 결제할 수 없다. 리스는 금융업으로 영수증발행 사업자이기 때문에 계산서나 신용카드 전표발급을 하지 않아도 된다. 단, 고객인 사업자가 사업자등록증을 제시하고 계산서를 요구하는 경우는 발급해 줘야 한다. 실무상 대부분의 리스회사는 사업자의 자동차 리스비

---

6 보증금은 보통 리스의 취득원가(렌트는 차량금액)의 30%로 하고 있으며, 취득원가(렌트는 차량금액)에 취득세, 부대비용, 탁송료, 자동차세 등이 포함되어 있다(렌트는 보험료도 포함됨).

에 대해 계산서를 발급해 주고 있다. 렌트비를 신용카드로 결제하는 경우도 연말정산 시 신용카드 공제를 받을 수는 없다. 이에 관한 내용은 뒤에서 자세히 다룰 예정이다. 개인이나 근로소득자가 운용리스나 렌트 이용 시 지출금액에 영향을 미치는 것으로 리스비, 렌트비와 자동차보험료만 가정하여 분석해 보자.

개인이나 근로소득자의 운용리스와 렌트의 지출비용을 비교하는 경우 다음의 기준을 사용하면 된다.

■ 둘 중 어떤 것이 순지출액이 더 적은가?
① 리스의 순지출액: 지출예정 리스비+자동차보험료
② 렌트의 순지출액: 지출예정 렌트비(VAT 포함)

※ 리스와 렌트의 총지출액 비교 예시(개인이나 근로소득자인 경우)

(단위: 원)

차량명 (가칭)	구분	월 운용 리스비/ 렌트비(VAT 포함)[7]	3년간 총 리스비/렌트비 ① (VAT 포함)	보험료 ②	3년간 총 지출액 (①+②)
A×2.0d	리스	1,057,500	38,070,000	3,000,000	41,070,000
	렌트	1,127,500	40,590,000	0	40,590,000
	차이	−70,000	−2,520,000	3,000,000	480,000

개인사업자나 근로소득자의 순지출액을 비교해 보면 생각보다 차이가 크지 않다는 것을 알 수 있다. 물론 정비나 소모품비 등을 추가로 고

---

7 동일한 차량에 대해 운용리스비와 렌트비를 견적 낸 것이며, 각 회사와 차량에 따라 달라질 수 있다.

려한다면 위 분석보다는 차이가 벌어질 것이다. 정비비나 소모품비 등을 고려하지 않고 운용리스 이용자의 자동차보험료가 저렴하다면 경우에 따라 렌트와 운용리스 간 순지출액 차이가 거의 나지 않거나 오히려 운용리스의 순지출액이 렌트보다 적을 수도 있다. 이는 공제되지 않는 렌트의 부가가치세는 리스의 비용과 같은 지출액으로 생각할 수 있으며 리스비나 렌트비의 비용처리로 인한 절세효과를 기대할 수 없기 때문이다.

2) 개인사업자나 법인인 경우

렌트비에는 부가가치세가 포함되어 있는데, 영업용 차량 등 부가가치세가 공제(환급)되는 경우는 해당 부가가치세에 대한 실제적인 부담은 없는 것과 같다. 하지만 부가가치세가 환급되지 않는 9인승 미만 업무용 승용차의 경우는 해당 부가가치세는 부가가치세 신고 시 공제(환급) 받지 못한다. 물론 종합소득세나 법인세 신고 시 공제되지 못한 부가가치세는 비용으로서 인정된다.

사업자의 운용리스와 렌트의 지출비용을 비교하는 경우 다음의 기준을 사용하면 된다.

- ■ 둘 중 어떤 것이 순지출액이 더 적은가?
- ① 리스의 순지출액: 지출예정 리스비+자동차보험료−절세금액
- ② 지출예정 렌트비*−절세금액

   *부가가치세가 공제되는 경우는 부가가치세를 포함하지 않으며, 공제되지 않는 경우는 부가가치세를 포함한다.

리스의 순지출액이란 총 리스비 지출액과 자동차보험료를 합한 금액에 총 리스비와 자동차보험료가 비용으로 인정받는 경우 개인사업자혹은 법인의 세율에 의해 절세되는 금액을 빼서 계산한다. 렌트의 순지출액이란 렌트비에서 이로 인한 절세금액을 빼서 계산한다.

부가가치세가 공제되는 영업용 차량 등과 공제되지 않는 9인승 미만업무용 승용차 각각의 경우에 대해 비교해 보자. 여기서는 운용리스와렌트의 순지출액 차이를 어떤 기준으로 분석하고 고객과 상담할 수 있을지 생각해 보자. 비교를 위해 부가가치세가 공제되는지 여부와 무관하게 리스비와 렌트비(부가치세 포함)는 두 경우에 대해 동일한 것으로하여 분석하였다.

(1) 9인승 미만 업무용 승용차가 아닌 경우(부가가치세가 공제되는 차량)

부가가치세가 공제되는 차량의 경우 부가가치세 부담이 없다. 예를들어 동일차량에 리스비가 1백만 원이고, 렌트비가 110만 원인 경우 렌트비 110만 원 중 10만 원은 부가가치세이다. 부가가치세는 공제되므로 실제 지출액은 1백만 원이 된다. 만약 보험료가 매년 1백만 원이고3년간 약정인 경우 3년간 순지출액을 비교해 보자. 실제로 견적을 받아보면 동일한 차량을 기준으로 산정된 금액일지라도 실제 월 리스비와 렌트비는 다소 차이가 있다. 견적 상 렌트비는 부가가치세 포함해1,127,500원이나 부가가치세는 공제되므로 실제 지출되는 월 렌트비는부가가치세를 뺀 1,025,000원이 된다. 아래의 리스비와 렌트비의 순유출액 분석은 개인사업자와 법인의 3가지 세율(지방세 포함)을 가정하여분석했다.

※ 리스와 렌트의 순지출액 비교 예시(렌트의 부가가치세가 공제되는 경우)

(단위: 원)

차량명(가칭)	구 분	월 운용 리스비/렌트비 (VAT 제외)	① 3년간 총 리스비/렌트비 (VAT 제외)	② 3년간 보험료
A×2.0d	리스	1,057,500	38,070,000	3,000,000
	렌트 (VAT 제외)	1,025,000	36,900,000	0
	차이	32,500	1,170,000	3,000,000
	리스	1,057,500	38,070,000	3,000,000
	렌트 (VAT 제외)	1,025,000	36,900,000	0
	차이	32,500	1,170,000	3,000,000
	리스	1,057,500	38,070,000	3,000,000
	렌트 (VAT 제외)	1,025,000	36,900,000	0
	차이	32,500	1,170,000	3,000,000

개인사업자			법 인		
③ 소득세율	④ 소득세 절세액 (업무사용비율 100% 가정) (①+②)×③	⑤ 개인사업자의 총 순지출액 (①+②)−④	⑥ 법인세율	⑦ 법인세 절세액 (업무사용비율 100% 가정)(①+②)×⑥	⑧ 법인의 총 순지출액((①+②)−⑦
26.4%	10,842,480	30,227,520	11%	4,517,700	36,552,300
	9,741,600	27,158,400		4,059,000	32,841,000
	1,100,880	3,069,120		458,700	3,711,300
38.5%	15,811,950	25,258,050	22%	9,035,400	32,034,600
	14,206,500	22,693,500		8,118,000	28,782,000
	1,605,450	2,564,550		917,400	3,252,600
41.8%	17,167,260	23,902,740	24.2%	9,938,940	31,131,060
	15,424,200	21,475,800		8,929,800	27,970,200
	1,743,060	2,426,940		1,009,140	3,160,860

위의 경우 리스와 렌트의 순지출액 차이는 세율이 높아질수록 적어짐을 알 수 있다. 예시이기 때문에 실제 경우는 차이가 더 벌어지거나 적어질 수 있다. 또한, 법인세의 경우 세율이 개인 소득세율보다 낮아 절세되는 금액이 더 적어지므로 리스에 의한 순유출액이 더 커질 가능성이 높아진다. 정확한 계산을 위해서는 좀 더 정확한 가정들을 반영하는 것이 필요하지만, 일반적으로 부가가치세가 환급되는 렌트는 부가가치세에 대한 부담이 없어지므로 기본적인 리스리와 렌트비(VAT 포함)가 유사하다면 보험료를 추가로 지급하는 리스의 순지출액이 많아지게 된다. 렌트 시 보험료 할인이 중단되는 효과나 정비비 등도 고민해야겠지만 여기서는 생략하고자 한다. 설사 개인보험료 할인이 중단되는 것을 고려해도 렌트의 순지출액이 더 적을 것으로 예상된다.

(2) 9인승 미만 업무용 승용차 (부가가치세가 공제되지 않는 차량)

9인승 미만 업무용 승용차의 경우 부가가치세가 공제되지 않는다는 것을 뺀다면 부가가치세가 공제되는 영업용 혹은 9인승 이상 승용차와 동일한 방식으로 평가하면 된다. 렌트비에 포함된 부가가치세는 부가가치세 신고 시 공제가 되지 않는 반면에 종합소득세나 법인세 신고 시 비용으로 인정된다.

9인승 미만 업무용 승용차가 아닌 경우는 리스나 렌트기간에 모두 비용처리가 가능하지만, 9인승 미만 업무용 승용차는 업무사용비율이 100%일지라도 리스나 렌트 기간 동안 모두 비용처리되지 못하고 이월될 수 있다. 이 경우 비용처리 되는 기간이 늘어날 수 있다. 따라서, 리스기간 혹은 렌트기간이 아닌 전체 비용처리기간 동안 순지출액을 비교하는 것이 더 적절할 것이다.

※ 리스와 렌트의 순지출액 비교 예시(렌트의 부가가치세가 공제되지 않는 경우)

(단위: 원)

차량명 (가칭)	구 분	월 운용 리스비/ 렌트비 (VAT 포함)	① 3년간 총 리스 비/렌트비 (VAT 포함)	② 3년간 보험료
A×2.0d	리스	1,057,500	38,070,000	3,000,000
	렌트 (VAT 포함)	1,127,500	40,590,000	0
	차이	-70,000	-2,520,000	3,000,000
	리스	1,057,500	38,070,000	3,000,000
	렌트 (VAT 포함)	1,127,500	40,590,000	0
	차이	-70,000	-2,520,000	3,000,000
	리스	1,057,500	38,070,000	3,000,000
	렌트 (VAT 포함)	1,127,500	40,590,000	0
	차이	-70,000	-2,520,000	3,000,000

개인사업자			법 인		
③ 소득 세율	④ 소득세 절세액 (업무사용비율 100% 가정) (①+②)×③	⑤ 개인사업자의 총 순지출액 (①+②)-④	⑥ 법인 세율	⑦ 법인세 절세액 (업무사용비율 100% 가정) (①+②)×⑥	⑧ 법인의 총 순 지출액 (①+②)-⑦
26.4%	10,842,480	30,227,520	11%	4,517,700	36,552,300
	10,715,760	29,874,240		4,464,900	36,125,100
	126,720	353,280		52,800	427,200
38.5%	15,811,950	25,258,050	22%	9,035,400	32,034,600
	15,627,150	24,962,850		8,929,800	31,660,200
	184,800	295,200		105,600	374,400
41.8%	17,167,260	23,902,740	24.2%	9,938,940	31,131,060
	16,966,620	23,623,380		9,822,780	30,767,220
	200,640	279,360		116,160	363,840

위 분석을 보면 리스가 렌트보다 순지출액이 많다는 것을 알 수 있다. 하지만 적용되는 세율이 높아질수록 둘 간의 차이는 작아진다는 것도 알 수 있다. 물론 개인이나 법인마다 차량보험료가 다르기 때문에 각 개인사업자나 법인마다 차이가 날 수 있다. 또한 자동차보험료가 저렴한 법인이나 개인사업자는 오히려 리스비가 저렴한 경우도 발생할 수 있다. 월 지출 리스비나 렌트비가 위 분석보다 많아진다면 그 차이에 대한 민감도는 감소할 것으로 예상한다. 월 리스비나 렌트비로 450만 원 이상 지급하는 고객과 105만 원 지급하는 고객은 지출금액에 대한 느낌이 다를 것이기 때문이다. 부가가치세가 공제되는 영업용 자동차 등에 비해 9인승 미만 업무용 승용차의 경우 리스와 렌트 사이의 순 지출액 차이가 더 적다는 것을 알 수 있다. 이는 렌트의 부가가치세가 전액 공제되지 못하고 세율만큼만 절세되는 효과가 있어 렌트의 순지출액을 감소시키는 효과가 부가가치세가 공제되는 경우에 비해 적어지기 때문이다.

👥 상담 포인트: 업무용 승용차의 리스와 렌트 중 고민하는 사업자와 상담하기

9인승 미만 업무용 승용차에 대해 리스와 렌트 중 고민하는 사업자 고객이 있다면 리스와 렌트의 순지출금액 차이는 중요한 요소가 아닐 수 있다. 특히, 사업자의 자동차보험금이 저렴하고 적용받는 세율이 높을수록 순지출금액 차이는 줄어든다. 이 경우 상담의 포인트는 비용이 아닌 다른 요소에 초점을 맞춰야 한다. 고객이 허, 하, 호 번호판에 대해 느끼는 느낌이나 추가대출 고려 등이 중요한 요소가 될 수 있다. 번호판에 민감하다면 운용리스를 추천해 주고 추가대출을 고려한다면 렌트를 추천해 주는 것이 더 적절할 것이다.

5. 리스나 렌트를 사용하면 비용 아닌 다른 점에서 유리한 것은 무엇인가?

영업사원들이 사주하는 실문이다. 리스나 렌트가 현금이나 할부에 비해 더 지출액이 적다고 말할 수는 없다. 리스나 렌트는 이자율이 현금이나 할부에 비해 높기 때문이다. 물론 현금으로 구매해도 이자에 비길 수 있는 기회비용이라는 것이 발생한다. 현금을 은행에 예금하면 최소 1% 이상의 이자수익이 발생하기 때문에 현금의 이자율을 1% 이상으로 생각해야 한다.

그렇다면, 비용적인 면 외에 리스나 렌트가 유리한 점은 무엇인가? 크게 4가지를 생각해 볼 수 있다.

(1) 재무상태표의 자산항목에 차량운반구가 나타나지 않는다.

대표이사에 따라서는 법인 혹은 개인사업체의 재무상태표에 차량운반구라는 항목이 나오는 것을 싫어하는 경우가 있다. 특히 고가의 업무용 승용차나 차량이 여러 대인 경우 더욱 그럴 것이다. 이 경우 운용리스나 렌트는 재무상태표의 자산항목에 임차보증금 혹은 리스보증금이라는 항목은 나올 수 있지만 차량운반구라는 자산항목은 표시되지 않아 선호하는 경우가 있다. 경우에 따라 운용리스나 렌트 보증금을 전

혀 없게 한다면 재무상태표 상에 나타나는 운용리스나 렌트 관련 항목
은 없게 된다. 금융리스의 경우 자산항목에 금융리스 자산이라는 항목
이 표시되지만 차량운반구 표시는 나타나지 않을 수 있다.

(2) 현금 유동성 위험을 줄일 수 있다.

현금으로 구매 시 일시에 회사의 자금이 빠지는 것이기 때문에 유동
성 문제가 있을 수 있다. 현금이나 예금이 많은 회사는 예외지만 매출
후 몇 달 후에 외상 매출금을 회수하는 경우가 많다면 자동차 구매비
용을 일시에 지급하는 경우 유동성 문제가 발생할 수 있다. 당장 수금
이 되지 않아도 회사는 인건비, 임차료 등 고정비가 계속 발생하기 때
문이다.

운용리스나 렌트는 일시에 자금이 빠지지 않기 때문에 자금 유동성
을 우려하는 대표의 경우 이자가 좀 더 발생할지라도 운용리스나 렌트
가 적절한 차량 이용방법이다. 물론 이 경우 할부도 동일한 이점을 가
지고 있다.

(3) 지역의료보험 가입자의 경우 의료보험이 증가 되지 않는다.

의료보험 가입자는 직장가입자와 지역가입자로 구분된다. 직장가입
자는 자동차 취득과 의료보험료 증가가 관련이 없지만, 지역가입자의
경우 자동차를 현금이나 할부로 취득하는 경우 의료보험료가 증가할
수 있다. 리스나 렌트는 자동차를 취득하는 것이 아니므로 지역가입자
의 의료보험이 증가하는 문제가 발생하지 않는다. 의료보험과 자동차
취득의 관계는 뒤에서 자세히 설명할 예정이다.

(4) 사업자가 차를 자주 바꾸는 경우 부가가치세로 인한 어려움을 피할 수 있다.

사업자가 현금이나 할부 구매 시 중고차를 개인에게 판매하는 경우 세법상 고객으로부터 부가가치세를 받고 세금계산서나 현금영수증을 발급해 줘야 한다. 판매한 사업자는 받은 부가가치세를 부가가치세 신고 시 납부해야 한다. 중고차를 구매하는 개인 고객은 부가가치세를 판매한 사업자에게 지급하고 공제받지 못하기 때문에 부가가치세를 지급하는 것에 대해 민감해할 것이다. 사업자가 중고차를 사는 경우도 부가가치세가 공제되지 않는 차를 사는 경우 부가가치세를 판매자에게 지급해야 하지만 본인은 공제받지 못해 부가가치세를 지급하는 것에 대해 꺼려질 것이다. 물론, 사업자가 중고차 매매업자에게 판매하는 경우는 이런 문제가 없다. 중고차 매매업자는 중고차 매입 시 사업자나 개인에게 지급한 부가가치세를 부가가치세 신고 시 공제나 환급받을 수 있기 때문에 부가가치세를 중고차 판매자에게 지급하는 것을 꺼려 하지 않을 것이다.

이에 반해, 사업자가 이용하는 운용리스나 렌트의 경우 취득이 아니기 때문에 부가가치세에 대해 좀 더 자유로울 수 있다. 운용리스나 렌트도 사업자가 사용 중 중도 승계 등을 통해 이익이 발생하면 이익금에 대해서는 중고차를 구매한 사람이나 법인으로부터 부가가치세를 받아서 납부해야 한다. 하지만 그 금액은 크지 않을 것이다.

사업자가 아닌 개인 간 거래인 경우는 부가가치세와 상관이 없기 때문에 관련이 없다. 또한, 금융리스는 리스이지만 실지 고객이 소유한 것으로 보기 때문에 금융리스를 이용하는 사업자가 중도 승계하는 경우 현금구매나 할부와 같이 중고차 판매 시 세금계산서를 발행해 주고 받은 부가가치세를 납부해야 한다. 이에 대해서는 뒤의 '중고자동차 처분에 따른 세무문제'에서 자세히 다룰 예정이다.

6. 현금, 할부 및 금융리스 구매 시 감가상각 방법에 대해 알아보자

사업자가 사업에 사용하기 위해 기계를 1억 원에 구매했다고 한다면 해당 기계를 사용해 매출이 매년 발생할 것이다. 감가상각이란 기계가 사용 연한(내용 연수) 동안 사용되면서 발생한 매출에 따라 비용처리하라는 의미이다. 기계와 자동차는 5년의 내용 연수를 가지고 있다. 자동차를 취득하는 경우 자동차 종류에 따라 감가상각 방법과 그해 인정받는 금액이 달라진다.

(1) 9인승 미만 업무용 승용차가 아닌 경우(영업용 승용차나 트럭 등)

만약 9인승 미만 업무용 승용차가 아닌 영업용 차량이나 경차라고 가정한다면 감가상각 방법은 기존방법과 같이 연간 45.1%가 가능하다. 트럭을 2018년 1월 1일 5천만 원에 구매했다면 연말결산 시 회계상 감가상각비는 5천만 원×45.1%×12/12인 2,255만 원이 되고 9인승 미만 업무용 승용차가 아니기 때문에 전액 그해의 세무상 비용으로 인정받을 수 있다.

(2) 9인승 미만 업무용 승용차의 경우

업무용 승용차의 경우 2016년 취득분부터는 취득금액에 1/5을 곱하는 감가상각 방법을 사용한다. 5년간 동일한 금액을 감가상각하는 것이다. 예를 들어 5천만 원짜리 자동차를 2018년 1월 1일 구매했다면 2018년 연말결산 시 회계상 감가상각비로 비용처리 가능한 금액은 5천만 원×1/5×12/12인 1천만 원이 된다. 만약 3월 1일에 취득했다면 2018년에는 10개월 사용했을 것이다. 따라서 감가상각비는 5천만 원×1/5×10/12인 약 833만 원이 된다. 올해 인정되는 비용은 업무사용비율이 100%인 경우 8백만 원이고 33만 원은 이후 연도로 이월되어 비용처리 된다. 뒤에서 더 자세히 설명하겠지만 이처럼 업무용 승용차의 경우 회계상 감가상각비가 그대로 세무상 비용으로 인정받는 것은 아니다. 아무리 회계장부상 감가상각비가 많아도 세무상 한도가 연간 8백만 원으로 정해져 있기 때문이다.

7. 할부, 리스 및 렌트 시
선납금의 비용처리는 어떻게 해야 하는가?

할부(금융리스)나 운용리스(렌트)를 이용하는 경우 선납금 혹은 선수금을 내는 경우 매달 지급할 할부금액이나 리스(렌트) 금액이 적어진다. 선납금이란 의미는 미리 납부했다는 의미로서 고객관점의 용어이고 선수금이란 먼저 받았다는 의미로 캐피탈사 관점의 용어일 것이다. 결국 동일한 의미이나 혼용해서 사용하는 경우가 있다. 고객과 상담 시는 선납금이라는 용어를 사용하는 것이 더 적절할 것이다. 참고로 보증금은 일시적으로 리스사나 렌트사가 맡아둔 것으로 전세보증금이나 월세 보증금과 비슷하다고 생각하면 된다. 이 보증금은 계약이 종료되면 고객에게 반환하거나, 반환하는 대신 고객이 보증금을 포기하고 해당 차량을 취득할 수 있는 것이다. 할부(금융리스)와 운용리스(렌트)의 선납금이 있는 경우 어떻게 비용에 반영되는지 생각해 보자

(1) 할부와 금융리스 선납금

예를 들어 총 5천만 원짜리 자동차를 1월 1일에 36개월 할부로 구매하면서 1,800만 원을 선납금으로 계약 시 납부하고 매달 이자 포함해 95만 원씩 납부한 경우를 생각해 보자. 할부는 선납금과 매달 지급하는 금액을 비용처리하는 것이 아니라 총 차량의 취득금액을 감가상각 비용처리 한다. 따라서, 취득금액이 5,000만 원이고 9인승 미만 업무용 승용차가 아닌 경우는 5천만 원의 45.1%인 2,255만 원이 그해의 세무상 감가상각비로 처리될 것이며, 9인승 미만 업무용 승용차인 경우는 세무상 연간 8백만 원을 한도로 감가상각비가 비용처리 될 것이다. 금융리스인 경우도 비용처리 방식이 할부와 유사하다.

(2) 운용리스와 렌트 선납금

운용리스나 렌트인 경우는 비용처리 방식이 달라질 수 있다. 만약 1월 1일에 운용리스 계약을 하고 월 선납금을 1,800만 원(50만 원×36개월) 납부한 후 매달 이자 포함해 리스비를 95만 원씩 납부한다고 가정해 보자. 그해에 리스비는 1,140만 원(95만 원×12개월)에 6백만 원(50만 원×12개월)이 합쳐진 1,740만 원이 되는 것이다. 세무상 9인승

미만 업무용 승용차가 아닌 경우는 전액 비용 처리되지만, 9인승 미만 업무용 승용차인 경우는 최대 연간 8백만 원을 한도로 비용처리 될 것이다. 이에 대한 자세한 내용은 뒤에서 설명할 예정이다. 렌트의 경우도 운용리스와 선납금의 비용처리 방식은 동일하다.

운용리스나 렌트에 대한 선납금과 비슷한 경우로 자동차보험금의 비용처리를 생각해 보자. 만약 7월 1일에 자동차보험에 가입하고 120만 원을 지급했다면 그해에 비용처리되는 자동차보험료는 120만 원의 6개월 치인 60만 원이 된다. 그해에 비용처리되지 못한 나머지 60만 원의 보험료는 다음 해에 비용처리 된다. 7월 1일에 한번에 지급한 1년 치 보험료 120만 원을 선급비용이라 표현한다. 이 선급비용은 위에서 말한 할부나 리스 시 지급한 선납금과 개념상 동일하다고 생각하면 된다.

8. 현금이나 할부로 할까요? 리스나 렌트로 할까요?

고객이 현금, 할부, 리스 혹은 렌트 중에 고민하는 경우 고객과 어떻게 상담할 수 있을까? 9인승 미만 업무용 승용차가 아닌 경우와 9인승 미만 업무용 승용차인 경우로 나누어 생각해 보자.

(1) 9인승 미만 업무용 승용차가 아닌 차량(영업용 승용차, 트럭 등)

현금이나 할부로 하려는 경우는 대부분 지출되는 금액이 더 저렴하기 때문일 것이다. 항상 그렇지는 않겠지만, 이자비용 등의 이점으로 실제 지출되는 금액이 리스나 렌트보다 저렴할 가능성이 있기 때문이다. 9인승 미만 업무용 승용차가 아닌 차량은 이전과 같이 비용처리가 된다. 따라서, 고객과 다음의 4가지를 논의해 결정해 보자.

① 고객은 순지출액 차이에 대한 선호가 얼마나 큰가?

만약 순지출액 차이를 중요시 생각한다면 순지출액이 제일 적은 방법을 추천해 주면 된다. 현금구매 시 전체 순지출액이 제일 적을 가능성이 높지만 실제 비교를 해보고 결정해야 한다.

② 초기에 세법상 비용처리 가능한 금액이 큰 것을 선호하는가?

만약 초기에 많은 비용처리를 선호한다면 현금이나, 할부 혹은 금융 리스를 추천해 주면 된다. 그렇지 않다면 리스니, 렌트가 좋을 것이다. 9인승 미만 업무용 승용차가 아닌 경우 취득 첫해에 감가상각으로 취득금액의 45.1%를 비용처리 할 수 있으므로 취득 초기에 운용리스나 렌트보다는 비용처리 금액이 커질 가능성이 높다.

예들 들어 1월 1일에 취득이나 리스이용을 시작한 경우를 생각해 보자. 차량가격이 3천만 원인 경우 감가상각비로 처리가능한 금액은 1,353만 원(3천만 원×45.1%)이 된다. 운용리스 보증금이 30%이고 3년간 리스인 경우 월 리스비가 65만 원 정도라면 연간 처리가능한 리스비는 780만 원이 된다. 이와 같이 9인승 미만 업무용 승용차가 아닌 경우는 감가상각 비용처리 금액이 더 많아질 가능성이 높다.

③ 사업상 현금 유동성에 문제가 없는가?

운영자금을 충분히 가지고 있고 사업상 대출이 필요하지 않다면 현금을 선호할지 모른다. 하지만 사업자라면 향후에 필요한 자금이 얼마나 되는지 한번 생각해 봐야 한다. 만약 회사의 매출대금 회수가 늦어지는 등 현금 유동성이 좋지 않다면 리스나, 렌트를 추천해 주면 된다. 이자가 약간 더 높더라도 매달 지급하는 것이 사업의 위험을 줄일 수 있다.

④ 고객이 조만간 사업상 대출을 고려하고 있는가?

할부, 금융리스 및 운용리스는 매달 비용이 지출되지만 전체 금액이 캐피탈사에 대출금으로 잡혀있어 추가적인 사업자금 대출 시 한도 제약을 받을 수 있다. 대출 제약은 금융권마다 차이가 있으므로 정확한 내용은 진행하는 캐피탈사와 거래하는 주거래 은행에 사전에 문의해 보는 것이 좋다. 추가대출이 중요하다면 렌트가 가정 적절한 방법이 될 것이다.

(2) 9인승 미만 업무용 승용차의 경우

상담 시 비용적인 측면과 비용 외적인 측면을 모두 고려한다면 다음 5가지를 생각해 볼 수 있다.

① 고객은 순지출액 차이에 대한 선호가 얼마나 큰가?

총 지출되는 순지출액의 차이에 민감하다면 순지출액이 적은 방법을 추천해 줘야 한다. 리스나 렌트 기간 전체와 비교 시 이자율(기회비용)이 낮은 현금이 순지출액이 가장 적을 가능성이 크다. 하지만 정확한 순지출액 차이는 금융상품별로 비교 후 상담해야 한다.

② 고객은 재무제표상의 익명성을 얼마나 중요하게 생각하는가?

비용 외적으로 재무상태표에 대한 차량의 익명성을 얼마나 선호하는지 한번쯤 물어 볼 필요가 있다. 익명성을 선호한다면 리스나 렌트를 추천해 주면 된다.

③ 고객은 당장 현금으로 결제해도 사업에 영향이 없는가?

고객 사업의 현금 유동성은 사업에 따라 달라진다. 만약 건설업 같은 경우 유동성이 일반적으로 좋지 않다. 받을 대금이 늦게 들어오고, 인건비와 자재비는 빨리 결제해야 하는 경우가 많다. 특히 하청업체의 경우는 더 심각해진다. 고객이 현금 유동성이 중요한 사업을 한다면 현금보다는 할부, 금융리스, 운용리스 혹은 렌트를 추천해 주자.

④ 고객이 조만간 사업상 대출을 고려하고 있는가?

위의 9인승 미만 업무용 승용차가 아닌 경우와 동일하게 고객이 대출을 계획한다면 렌트를 추천해 주는 것이 좋다.

⑤ 사업자의 업무용 승용차 교체주기가 어떻게 되는가?

사업자의 승용차 교체주기가 짧다면 부가가치세에 대한 어려움이나 번거로움 등으로 인해 리스나 렌트가 더 유리한 방법이 될 것이다. 이에 대해서는 이미 앞에서 설명하였다.

핵심은 순지출액 차이도 중요하지만 비용 외적인 요소에 대해 고객은 더 중요하게 생각할 수 있다는 것이다. 고객에게 맞는 금융방법은 위에서 제시한 판단 요소를 고객과 상담하면서 결정하는 것이 가장 좋은 방법이다.

9. 리스로 할까요? 렌트로 할까요?

앞의 분석을 보면 렌트가 순지출액 면에서 더 적기 때문에 유리하다. 하지만 실제 순유출액 차이는 9인승 미만 업무용 승용차라면 생각보다 크지 않을 수 있다. 순유출액과 더불어 고객이 리스와 렌트 중에 선택한다면 번호판이 허, 하, 호 등을 수용할지와 렌트 기간에 자신의 자동차보험료 할인이 적용되지 않을 수 있다는 점을 고려할 것이다. 렌트차량 중에는 정비비를 포함하는 경우와 포함하지 않는 경우가 있다. 주로 국산차는 정비비를 포함하지만, 수입차는 렌트비에 포함되지 않는다. 추가 대출에 대한 고려 역시 중요한 문제이다.

고객상담 시 다음 5가지 포인트를 고객과 상의해 결정을 도와주면 된다.

① 리스와 렌트의 순지출액 차이에 대해 얼마나 민감한가?
　순지출액차이에 민감하다면 렌트를 추천해 준다. 9인승 미만 업무용 승용차가 아닌 경우는 그 차이가 더 클 수 있지만 9인승 미만 업무용 승용차는 그 차이가 크지 않다. 개인사업자나 법인의 자동차보험료가 적고 적용되는 세율이 높아질수록 그 차이는 적어진다. 또한, 월 지

출되는 리스비나 렌트비가 많을수록 그 차이에 대한 민감도는 감소할 것이다.

② 렌트의 허, 하, 호 등 번호판을 어떻게 생각하는가?
번호판에 민감하다면 리스를 추천해 준다.

③ 정비비가 포함되는 것에 대해 얼마나 가치를 느끼는가?(렌트에 정비비가 포함되는 경우)
정비비에 민감하다면 정비비가 포함된 렌트를 추천해 준다.

④ 렌트사용 시 개인보험료 할인이 중단되는 것에 대해 얼마나 민감한가?
개인보험료 할인이 중요한 경우 리스를 추천해 준다.

⑤ 향후 대출을 고려하고 있는가?
현금도 가능하지만 리스와 렌트 중에서는 렌트를 추천해 준다. 리스는 금융리스와 운용리스 모두 대출심사 시 기존 대출로 포함되어 신용도나 대출한도에 영향을 미치기 때문이다. 물론 할부도 대출에 포함된다. 렌트는 대출심사에 영향을 미치지 않기 때문에 더 유리할 수 있다.

부가가치세가 공제되지 않는 9인승 미만 업무용 승용차인 경우 리스와 렌트의 순지출금액의 차이가 생각보다 크지 않으나 그 외 부가가치세가 공제되는 자동차의 경우는 순지출액 차이가 그보다는 더 클 수 있다. 따라서, 9인승 미만 업무용 승용차 상담 시는 비용적인 측면보다는 고객의 선호가 어디에 있는 것인가를 고려해 결정을 도와주는 것이 오히려 좋은 세일즈 포인트가 될 수 있다.

10. 예전에 세무사는
'왜 고객에게 현금이나 할부로 차를 구매할 것을 추천했을까?'

영업사원들이 리스를 추천하는 경우 고객은 세무사에게 문의한 후 현금이나 할부로 구매방법을 변경하는 경우가 많이 있었다. 세무사는 고객에게 어떤 근거를 가지고 현금이나 할부를 추천했던 것인지 살펴보고 '9인승 미만 업무용 승용차'의 경우 세법개정에 따라 판단 근거가 된 이점이 계속 유지되는지 알아보자. 렌트는 리스와 동일한 방식으로 비용처리 되므로 아래 리스의 경우를 렌트로 바꿔서 이해해도 된다.

1) 과거 세법에서 현금이나 할부가 리스보다 유리했던 3가지 이유

영업사원들은 운용리스를 금융상품으로 추천하는 경우가 많은데, 고객이 세무사와 상담을 하고 나면 현금이나 할부로 구매방법이 바뀌는 경우가 많이 있었다. 왜 그랬을까? 새로운 개정세법이 적용되기 전 1월 1일에 취득한 5천만 원짜리 업무용 승용차로 가정하여 설명해 보자. 운용리스는 3년 리스이며 보증금 1,500만 원에 연간 리스비를 1,300만 원으로 가정한다.

구 분	현금	할부	운용리스
세법상 인정되는 취득 첫해 감가상각비/리스비	5,000만 원×45.1%=2,255만 원	5,000만 원×45.1%=2,255만 원	1,300만 원
비용처리 유연성	있음	있음	없음
이자비용(예시)	약 1% 이상	약 6% 이상	약 7% 이상

(1) 세법상 인정되는 감가상각비/리스비의 차이

과거 업무용 승용차 관련세법이 개정되기 전 세법상 인정되는 감가상각비는 현금, 할부 모두 취득가의 45.1%를 곱한 2,251만 원이다. 운용리스 리스비는 총 발생비용인 1,300만 원이 비용처리 가능해 첫해에 인정받을 수 있는 비용은 현금이나 할부가 운용리스보다 많았다. 렌트의 경우도 연간 렌트비의 차이가 있지만 현금이나 할부에 의한 경우보다 인정받는 금액이 적었다.

감가상각방법을 쓰는 경우 그 다음 해의 감가상각비는 (5,000만 원-2,255만 원)×45.1%인 1,237만 원으로 줄어들게 된다. 반면 리스비는 다음 해도 1,300만 원 인정받게 된다. 다음 해부터는 리스비가 더 많이 비용처리 될 수 있지만, 사업자의 특징은 초기에 가능한 많은 비용을 인정받기를 좋아하기 때문에 세무사가 현금이나 할부를 추천한 경우가 많았다.

(2) 비용처리의 유연성

리스비를 그해에 비용처리하지 못하게 되면 법인세나 종합소득세가 증가하게 된다. 다음 해에 비용처리하지 못했던 리스비로 인해 증가됐던 세금을 돌려받으려면 재무제표를 다시 작성해 세무서에 환급신청을 해야 한다. 사업자들은 일반적으로 세무서에 환급 신청하는 것을 부담스러워 하는 경향이 있다.

이에 반해 감가상각을 하는 경우 해당 해에 감가상각을 하지 못했다면 다음 해에 그만큼 감가상각이 가능하다. 즉 감가상각 금액은 한도를 정한 것일 뿐 반드시 그해에 해당 금액만큼 감가상각해야 하는 것은 아니다. 위의 감가상각 금액 2,255만 원은 그해의 감가상각 한도액이므로 그해의 비용이 충분하다면 감가상각을 전혀 하지 않고 다음 해에 2,255만 원을 감가상각 하는 것도 가능했다.

(3) 이자비용

현금은 기회비용이 발생한다. 즉 1금융권 은행이나 2금융권 저축은행에 예금하는 경우 최소한 1% 이상의 이자수익이 발생하는데 이를 포기하는 것이므로 1% 이상의 이자비용이 발생하는 것과 같은 것이다.

할부는 캐피탈사와 개인 신용도에 따라 6% 이상의 이자가 발생할 가능성이 있고, 리스는 리스사와 개인신용도에 따라 7% 이상의 이자가 발생할 가능성이 있어 현금보다는 이자 부담이 크게 된다. 따라서 이자비용이 많은 리스보다는 현금이나 할부를 추천해 준 것이다.

2) 업무용 승용차 관련 개정세법에서 유리한 사항이 없어진 것들

(9인승 미만 업무용 승용차가 아닌 영업용 차량과 경차 등은 해당 없음)

세법개정 전에는 위의 설명과 같이 업무용 승용차를 취득해 감가상 각하는 것이 3가지 이점을 가지고 있었다. 개정된 세법이 적용되는 9인 승 미만 업무용 승용차에 대해서는 2가지 이점이 없어지게 된다. 이자 에 대한 이점은 계속 유지되지만 다른 측면에서의 불리한 점도 고려해 야 한다. 이에 대해 알아보자.

(1) 세법상 인정되는 감가상각비/리스비의 차이

세법개정 후 9인승 미만 업무용 승용차에 대해 세무상 감가상각비 한도와 리스비 및 렌트비 한도는 모두 8백만 원으로 동일하다. 따라서, 이전의 간가상각의 이점은 9인승 미만 업무용 승용차에는 적용되지 않 는다. 물론 영업용 자동차나 경차의 경우는 이전과 같은 이점이 계속 유지된다고 할 수 있다.

(2) 비용처리의 유연성

감가상각의 비용처리 유연성은 세법이 개정되면서 9인승 미만 업무 용 승용차에는 적용되지 않는다. 무조건 1/5을 곱해서 연간 감가상각 비로 처리해야 하기 때문이다. 예전에는 회계상 첫해에 2,255만 원이 비용처리 되었고 모두 인정될 수 있었다. 물론 앞에서 설명한 바와 같 이 그해에 감가상각비를 전혀 넣지 않고 다음 해에 2,255만 원을 비용 처리해도 됐다. 개정 후에는 5천만 원에 1/5을 곱한 1천만 원이 반드 시 그해에 회계상 비용으로 처리돼야 한다. 다음 해로 넘길 수 없다. 따 라서 비용처리의 유연성이 없어졌다고 할 수 있다. 또한, 9인승 미만 업무용 승용차는 회계상 1천만 원이 비용으로 처리돼도 세무상으론 연간 비용처리 가능금액은 8백만 원으로 한도가 정해져 있다. 업무사용비율이 100%인 경우 8백만 원을 초과한 2백만 원은 다음 해로 이월된다. 회계상 비용처리 한도와 세무상 비용처리 한도는 다르다는 것을 이해해야 한다. 물론 9인승 미만 업무용 승용차에 속하지 않는 영업용 자동차와 경차에 대해서는 이전과 같은 이점이 계속 유지 된다.

(3) 이자비용

현금의 이자비용이 적은 것은 여전히 유지되는 이점이나 회사의 현금이 넉넉하지 않은 경우 회사의 유동성 문제가 발생할 수 있다. 이것은 '리스나 렌트의 이점'에서 이미 설명한 바 있다. 회사의 유동성 문제는 매출이 많음에도 부도를 일으키는 흑자도산의 위험을 크게 한다. 차량 가격이 비싸질수록, 기업의 현금 및 예금의 잔액이 적을수록 현금으로 취득 시 위험이 커지게 된다.

4장

고객이 자주 질문하는
자동차 세무 상담하기

고객과 상담 시 고객이 자주 질문하는 자동차 관련 세법은 영업사원이 반드시 알고 있어야 하는 내용이다. 일단 이해하게 되면 어떤 고객에게 관련된 질문을 받아도 답변이 가능할 것이다. 여기서 다루는 질문은 영업사원들이 세무사에게 가장 듣고 싶은 답변일지 모른다.

1. 개정세법 적용 시
세무상 비용처리 가능한 금액은 얼마나 될까?

2016년부터 적용된 개정세법에 따라, 9인승 미만 업무용 승용차 여부에 따른 세무상 비용처리 가능금액이 어떻게 달라지는지 좀 더 자세히 알아보자.

1) 9인승 미만 업무용 승용차가 아닌 차량의 세무상 비용처리 가능 금액 계산해 보기

영업용 차량, 9인승 이상 업무용 승용자동차, 트럭 혹은 11인승 이상의 승합차인 경우 개별소비세가 과세되지 않으며 기존의 방법과 같이 모든 감가상각비, 리스비, 렌트비, 유류비, 수리비, 자동차세, 통행료 및 금융리스의 경우 이자 비용이 비용처리 가능하다.

경차는 배기량이 1,000cc 미만으로 길이가 3.6미터, 너비 1.6미터, 높이 2.0미터 이하의 차량으로 개별소비세가 과세되지 않는 차량이다.

경차는 업무용으로 쓰였을지라도 개정 전 세법과 동일하게 모든 관련 비용을 인정받을 수 있다.

실제 비용처리하는 방법은 개정 전 세법에 의한 방법과 동일하다. 만약 취득가 5천만 원의 영업용 차량을 1월 1일 현금이나 할부로 취득했다면, 해당년의 감가상각비는 5천만 원×45.1%인 2,255만 원이 된다. 만약 리스나 렌트를 사용했다면 발생한 리스비와 렌트비는 모두 해당 연도의 비용으로 처리 가능하다.

2) 9인승 미만 업무용 승용차의 비용처리 가능금액 계산해 보기

'업무용 승용차의 관련비용'이란 감가상각비, 리스비, 렌트비와 기타 업무용 승용차 관련비용으로 나눠진다. 총비용처리 가능한 '업무용 사용금액'이란 업무용 승용차 관련비용에 해당 승용차의 업무사용비율을 곱해서 구해진다. '감가상각비, 임차 관련 비용(리스비, 렌트비) 연간 한도'는 최고 8백만 원이지만 상황에 따라서는 8백만 원이 되지 않는 경우도 있다. '올해 비용처리 가능한 업무용 승용차 관련비용'은 승용차의 업무사용비율과 '감가상각비, 임차관련 비용(리스비, 렌트비) 연간 한도'를 고려해 결정된다. 이에 대해 알아보도록 하자.

(1) 업무용 승용차 관련비용

9인승 미만 업무용 승용차 관련 비용은 두 가지 유형으로 구분할 수 있다. ①과 ②를 합쳐 업무용 승용차 관련비용이라 한다.

① 감가상각비, 임차관련 비용(리스비, 렌트비)

현금, 할부 및 금융리스로 업무용 승용차를 구매한 경우 감가상각비가 발생하고, 리스나 렌트로 차를 임차한 경우 리스비나 렌트비가 발생한다.

② 기타 업무용 승용차 관련 비용

자동차를 이용하면서 발생하는 유류비, 보험료, 수선비, 자동차세, 통행료 및 금융리스의 경우 이자비용이 있다.

렌트비는 순수한 렌트비와 렌트비에 포함된 '기타 업무용 승용차 관련비용'을 구분하기 어렵다. 따라서 법에서는 렌트비의 70%는 ①의 '임차관련비용'으로 보고, 30%는 ②의 '기타 업무용 승용차 관련 비용'으로 보아 계산한다. 예를 들어 연간 렌트비가 1,200만 원이라면 70%인 840만 원은 임차관련비용으로 30%인 360만 원은 기타 업무용 승용차 관련비용으로 생각해 계산해야 한다.

리스비 중 보험료, 자동차세, 수선비를 제외한 금액을 ①의 임차관련 비용으로 보고 나머지 비용을 ②의 기타 업무용 승용차 관련 비용으로 보아 계산한다. 하지만 수선비를 리스비 중에서 구분하기는 실무적으로 어렵다. 따라서 수선비를 구분하기 어려운 경우는 리스비에서 자동차세와 보험료를 뺀 금액의 7%를 수선비로 생각하여 계산한다. 예를 들어 연간 리스비가 1,200만 원이고 리스비에 포함된 보험료가 1백만 원, 자동차세가 40만 원이면 ①의 임차 관련 비용은 1,200만 원에서 1백만 원, 40만 원 그리고 7십4만2천 원(수선비:1,060만 원×7%)을 뺀

9,858,000원이 된다. 리스비 1,200만 원 중 9,858,000원을 뺀 금액과 통행료 및 금융리스 이자 등을 합쳐 ②의 '기타 업무용 승용차 관련 비용'으로 계산하면 된다.

(2) 총비용처리 가능한 '업무용 사용금액'

총비용처리 가능한 '업무용 사용금액'은 위에서 설명한 업무용 승용차 관련비용에 업무사용비율을 곱해서 계산한다. 이 비용처리 가능한 비용은 그해에 비용처리 가능한 비용과는 다른 의미이다. 이월되더라도 언젠가는 반드시 비용처리 해주는 모든 비용으로 이해하면 좋을 것 같다.

만약 5천만 원짜리 차를 할부로 1월 1일에 구매한 경우를 생각해 보자. 위 분류에 따라 '①감가상각비, 리스비, 렌트비'에 해당하는 금액은 5천만 원×1/5×12/12인 1천만 원이 된다. '②기타 업무용 승용차 관련 비용'은 유류비, 수리비, 보험료 등을 합하여 1천만 원이라고 가정해 보자. 이 경우 업무용 승용차 관련 비용은 총 2천만 원이 되며 여기에 '업무사용비율'을 곱하게 되면 '업무용 사용금액'이 된다.

만약, 업무사용비율이 50%라고 한다면, 업무용 사용금액은 2천만 원×50%인 1천만 원이 된다. 즉 '업무용 사용금액' 1천만 원은 언젠가는 비용으로 인정되고 나머지 1천만 원은 해당 연도 혹은 앞으로도 전혀 비용인정을 받지 못한다는 것이다.

(3) 감가상각비, 임차관련 비용(리스비, 렌트비) 연간 한도

업무용 승용차의 감가상각비(현금, 할부), 리스비, 렌트비의 경우 모두 한도가 동일하다. 이 한도를 넘는 금액은 이월되어 비용처리될 수 있다. 2017년까지는 연간 한도가 모두 8백만 원이지만, 2018년부터는 취득 및 리스·렌트 개시시점과 처분 및 리스·렌트 종료시점에 따라 한도가 달라질 수 있다. 해당 연도의 1월 1일에 취득이나 리스 렌트한 경우 한도는 8백만 원이다. 하지만 연도 중간에 취득·리스·렌트한 경우 월수로 한도가 계산된다. 예를 들어 7월 1일에 취득·리스·렌트했다면 그해 한도는 8백만 원×6개월/12개월로 계산한다. 이렇게 계산해 보면 한도는 4백만 원이 된다. 연도 중간에 처분 및 리스·렌트를 종결한 경우 한도 역시 같은 방식으로 계산된다. 3월 31일에 처분 및 리스·렌트를 종결한 경우 해당연도의 한도는 8백만 원×3개월/12개월로 계산한다. 따라서 한도는 2백만 원이 된다. 월 단위로 계산 시 3월 1일 처분과 같이 1개월이 안됐을지라도 1개월로 계산하면 된다. 따라서 위의 경우 3월 1일에 처분해다 할지라도 한도는 2백만 원으로 동일하다.

(4) 올해 비용처리 가능한 9인승 미만 업무용 승용차 관련비용

위와 같이 5천만 원에 할부로 1월 1일 취득한 경우로 가정해 올해 비용처리 가능한 금액을 업무사용비율이 50%인 경우와 100%인 경우로 구분하여 알아보자. 올해 비용처리 가능한 금액은 무조건 1천만 원이 아니라 업무사용비율에 따라 달라질 수 있음을 먼저 알아야 한다.

① 업무사용비율이 50%인 경우

위 예에서와 같이 '업무용 사용금액' 1천만 원은 비용으로 인정받고 1천만 원은 비용으로 인정받지 못하는 경우 비용 인정받는 1천만 원에는 감가상각비, 리스비 및 렌트비와 기타 업무용 승용차 관련비용이 모두 포함된 것이다. 올해에 인정받는 감가상각비, 리스비, 렌트비는 세법상 연간 한도 8백만 원의 제약을 받는다. 이 8백만 원 한도는 연도 중간에 취득·렌트·리스한 경우라면 줄어들 수 있음을 위에서 설명했다. 따라서, 올해 인정받는 금액을 다시 계산해 보면 다음과 같이 (가)와 (나)의 금액을 합한 것이다.

올해 인정받는 업무용 승용차 관련비용: (가)+(나)

(가) Min[감가상각비, 리스비, 렌트비×업무사용비율, 800만 원]

(나) 기타 업무용 승용차 관련비용×업무사용비율

이 계산방식을 위의 사례에 적용해 보면 다음과 같다.

올해 인정받는 업무용 승용차 관련비용: (가)+(나)=1,000만 원

(가) Min[1,000만 원(감가상각비)×50%(업무사용비율), 800만 원]=500만 원

(나) 1,000만 원(기타 업무용 승용차 관련비용)×50%(업무사용비율)=500만 원

올해 비용 인정되는 금액은 '감가상각비' 5백만 원과 '기타 업무용 승용차 관련비용' 5백만 원을 합한 1천만 원이 된다. 감가상각비 1천만 원 중에서 5백만 원이 인정되고 나머지 5백만 원은 영원히 인정받을 수 없게 된다. 기타 비용 1천만 원 중 5백만 원은 그해에 인정받고 나머지 5백만 원은 영원히 인정받지 못하게 된다.

위 계산방식은 취득하지 않고 리스나 렌트를 하는 경우도 동일하다. 감가상각비 대신 리스비나 렌트비가 들어갈 뿐이고, 기타 업무용 승용차 관련비용의 항목은 동일하다.

② 업무사용비율이 100%인 경우

업무사용비율이 100%란 의미는 해당 업무용 승용차를 모두 업무목적으로만 사용했다는 것이다. 업무사용비율을 계산하기 위해선 '차량운행일지'의 기록이 필요하다. 이에 대해서는 바로 뒤에서 설명하고자 한다.

업무사용비율이 100%이면, 위의 감가상각비 1천만 원과 기타 업무용 승용차 관련비용 1천만 원을 합한 2천만 원 모두를 비용처리 가능하다는 의미이다. 하지만, 감가상각비, 리스비, 렌트비는 연간 한도가 8백만 원이기 때문에 올해 비용처리 가능한 금액은 달라진다. 올해 비용처리 가능한 '업무용 승용차 관련비용'은 (가)와 (나)의 금액을 합한 것이다

올해 인정받는 업무용 승용차 관련비용: (가)+(나)=1,800만 원
　(가) Min[1,000만 원(감가상각비)×100%(업무사용비율), 800만 원]=800만 원
　(나) 1,000만 원(기타 업무용 승용차 관련비용)×100%(업무사용비율)=1,000만 원

올해 인정받는 감가상각비는 8백만 원이고 나머지 2백만 원은 이월

된다. 업무사용비율이 100%이기 때문에 감가상각비 1천만 원 전체가 비용으로 인정은 되나 올해는 연간 8백만 원 한도로 인해 8백만 원만 인정되고 2백만 원은 이월되는 것이다. 이월된다는 의미는 올해가 아닌 향후 인정해 준다는 의미로 자세한 설명은 뒤에서 하도록 한다.

'기타 업무용 승용차 관련비용'은 발생한 1천만 원 전액을 인정받는다. 업무사용비율이 100%이면 '기타 업무용 승용차 관련비용'은 그해에 모두 비용처리된다. 만약 업무사용비율이 50%라서, 올해 5백만 원만 인정된다면 나머지 5백만 원은 앞으로도 절대 인정되지 않는다는 의미이다. '기타 업무용 승용차 관련비용'은 이월되는 금액이 없기 때문이다.

👥 상담 포인트: 업무용 승용차의 비용처리 한도에 대한 상담하기

고객과 상담 시 설명할 내용은 만약 업무사용비율이 100%라면, 유류비, 보험료, 자동차세, 금융리스 이자, 수리비와 같은 '기타 업무용 승용차 관련비용'은 얼마가 됐든 전액 그해에 인정받는다는 것이다. 과장되게 말하면 연간 5천만 원, 1억이 되도 그해 비용으로 처리 가능하다. 단, 감가상각비, 리스비 및 렌트비는 업무사용비율이 100%인 경우 전액 인정은 받지만, 올해 비용처리 가능한 한도 금액은 1월 1일 취득·렌트·리스 시 8백만 원이고 나머지 금액은 이월되어 언젠가 비용처리 된다.

따라서, 9인승 미만 업무용 승용차는 연간 1천만 원 혹은 1천 5백만 원 한도로 비용인정 받는다는 것은 올바른 상담이 아니다. 실제 업무용 승용차 관련비용이 1천만 원 혹은 1천 5백만 원 이상 발생한 경우 업무사용비율이 높다면 인정받는 금액도 1천만 원 혹은 1천 5백만 원 이상이 될 가능성이 크기 때문이다. 앞의 예에서 업무사용비율이 100%인 경우 올해 인정받는 금액은 1,800만 원이었다. 단, 연간 1천 5백만 원 (2019년까지는 1천만 원) 한도로 묶이는 경우는 차량운행일지를 작성하지 않은 경우이다. 이에 대해서는 뒤에서 좀 더 자세히 설명할 예정이다.

2. 업무용 승용차의 비용처리 가능금액과 절세금액 계산 연습하기

9인승 미만 업무용 승용차의 비용처리 가능금액을 계산해 보자. 금융유형에 따라 현금, 할부, 금융리스 또는 운용리스나 렌트이용이 가능하며 감가상각비, 리스비, 렌트비가 발생한다. 감가상각비, 리스비, 렌트비는 회계상 비용이 다를 뿐 세무상 업무용 승용차의 비용처리 가능금액 계산하는 방법은 모두 동일하다. 또한, 법인과 개인사업자 모두 비용처리 가능금액 계산은 동일하기 때문에 법인의 경우로 가정하여 비용처리 가능금액과 이로 인한 절세금액 계산을 연습해 보자.

1) 상황

㈜성심은 자동차 부품을 만드는 회사이며, 자동차 관련비용을 비용처리하기 전 과세표준은 10억이며 할부로 업무용 승용차를 사용하고 있다. 자동차운행 일지를 작성하고 있으며, 임직원 전용 자동차보험에

가입되어 있다. 현재 운행 중인 대표이사 업무용 승용차 관련정보 및 회계상 감가상각비(리스비, 렌트비)는 다음과 같다. 취득(리스, 렌트)은 1월 1일에 한 것으로 가정한다.

(1) 업무사용비율

① 차량운행일지를 쓰고 업무사용비율이 50%인 경우
② 차량운행일지를 쓰고 업무사용비율이 100%인 경우
③ 차량운행일지를 쓰지 않아 업무사용비율이 60%*인 경우

$$* \quad \frac{1,500만\ 원}{총차량관련비용} \times 100\% \qquad \frac{1,500만\ 원}{2,500만\ 원} \times 100\% = 60\%$$

*차량운행일지를 쓰지 않은 경우는 1,500만 원(2020년부터)을 총 차량 관련비용으로 나누어 업무사용비율을 구한다. 위 경우는 1,500만 원을 총 차량 관련비용 2,500만 원으로 나누어 100%를 곱한 60%가 업무사용비율이 된다. 사업을 중간에 시작하거나 차량취득 혹은 임차를 중간에 하는 경우 분자로 들어가는 1,500만원이 줄어들게 된다. 만약 차량을 7월 1일에 취득했다면 1,500만원X6개월/12개월인 750만원이 분자로 들어가게 된다.

(2) 현재 관련 비용은 다음과 같음

– 회계상 감가상각비(리스비, 렌트비): 1,200만 원
– 그 외 연간 자동차 관련비용(자동차세, 보험, 유류비, 수선비 등): 1,300만 원

2) 비용처리 가능금액과 절세금액 계산하기

(1) 업무사용 비율이 50%인 경우

① 전체 인정되는 자동차 관련 업무사용금액: 1,250만 원

   ※ 총 업무사용금액: 2,500만 원×50%=1,250만 원

② 비용부인 되고 동시에 대표이사 상여처분되는 금액(개인사업자인 경우 비용부인은 되지만 상여처분은 되지 않음): 1,250만 원

   ◆ 2,500만 원−1,250만 원(총 업무사용금액)=1,250만 원(인정받지 못하는 비용)

   ※ 업무사용비율이 100%가 되지 않아 비용으로 인정받지 못하는 금액이 있다면 법인은 비용인정이 되지 않아 법인세가 증가하고, 동일한 금액을 대표이사가 급여로 가져간 것으로 보아 대표이사에게도 책임을 묻게 된다. 따라서 법인은 두 가지 패널티가 동시에 발생하게 된다. 개인사업자는 대표와 사업체가 동일시되기 때문에 비용인정되지 않은 금액으로 인해 종합소득세가 증가한다. 개인사업자는 두 가지 패널티가 동시에 발생하지는 않는다. 이에 대해서는 이후에 다시 설명할 예정이다.

③ 올해 경비 산입 가능한 감가상각비(리스비, 렌트비): 600만 원

   ◆ 올해 업무사용 감가상각비(리스비, 렌트비): 600만 원

   ☞ 감가상각비(리스비, 렌트비)(1,200만 원)×업무사용비율(50%)=600만 원

   ☞ Min[600만 원, 800만 원]=600만 원

◆ 이월되는 감가상각비(리스비, 렌트비) 한도 초과액: 0원

※ 600만 원이 연간 세법상 한도 800만 원 이하이므로 이월되는 감가상각비(리스비, 렌트비)는 없음

④ 경비 산입 가능한 '기타 업무용 승용차 관련비용': 650만 원

◆ 1,300만 원×50%=650만 원(나머지 650만 원은 비용처리 불가능하며 이월되지도 않음)

⑤ 실제 올해 경비처리 가능한 금액(③+④): 1,250만 원

◆ 600만 원+650만 원=1,250만 원

⑥ 차량 관련비용으로 절세 가능한 금액: 세율 22%(법인 지방소득세 포함)

◆ 전체 절세 가능한 금액: 275만 원

☞ 1,250만 원(총 업무사용금액)×22%=275만 원

◆ 올해 절세 가능한 금액: 275만 원

☞ 1,250만 원(실제 올해 비용처리 가능한 금액)×22%=275만 원

◆ 이월되는 절세 가능한 금액: 0원

(2) 업무사용 비율이 100%인 경우

① 전체 인정되는 자동차 관련 업무사용금액: 2,500만 원

※ 총 업무사용금액: 2,500만 원×100%=2,500만 원

② 비용부인 되고 동시에 대표이사 상여처분되는 금액(개인사업자인 경우 비용부인은 되지만 상여처분은 되지 않음): 0원

- ◆ 2,500만 원-2,500만 원(총 업무사용금액)=0원(인정받지 못하는 비용)

③ 올해 경비 산입 가능한 감가상각비(리스비, 렌트비): 800만 원

- ◆ 올해 업무사용 감가상각비(리스비, 렌트비): 800만 원
  - ☞ 감가상각비(리스비, 렌트비)(1,200만 원)×업무사용비율(100%)= 1,200만 원
  - ☞ Min[1,200만 원, 800만 원]=800만 원
- ◆ 이월되는 감가상각비(리스비, 렌트비) 한도초과액: 400만 원
  ※ 인정되는 감가상각비(리스비, 렌트비) 1,200만 원 중 연간 세법상 한도 800만 원을 초과하는 400만 원이 이월됨.

④ 경비 산입 가능한 '기타 업무용 승용차 관련비용': 1,300만 원

- ◆ 1,300만 원×100%=1,300만 원 (이월되는 금액 없이 모두 올해 비용처리됨)

⑤ 실제 올해 경비처리 가능한 금액 (③+④): 2,100만 원

- ◆ 800만 원 + 1,300만 원=2,100만 원

⑥ 차량 관련비용으로 절세 가능한 금액: 세율 22%(법인 지방소득세 포함)

- ◆ 전체 절세 가능한 금액: 550만 원

☞ 2,500만 원(총 업무사용금액)×22%=550만 원

◆ 올해 절세 가능한 금액: 462만 원

☞ 2,100만 원(실제 올해 비용처리 가능한 금액)×22%=462만 원

◆ 이월되는 절세 가능한 금액: 88만 원

☞ 550만 원 중 462만 원을 뺀 88만 원은 이후 해에 절세됨.

(3) 차량운행일지를 작성하지 않은 경우

① 전체 인정되는 자동차 관련 업무사용금액: 1,500만 원(2020년부터) ※ 총 업무사용금액: 2,500만 원×60%=1,500만 원

② 비용부인 되고 동시에 해당차량 이용자(대표이사) 상여처분 되는 금액(개인사업자인 경우 비용부인은 되지만 상여처분은 되지 않음): 1,000만 원

◆ 2,500만 원-1,500만 원(총 인정되는 업무사용금액)=1,000만 원 (인정받지 못하는 비용)

③ 올해 경비 산입 가능한 감가상각비(리스비, 렌트비): 720만 원

◆ 올해 경비 산입 가능한 감가상각비(리스비, 렌트비): 720만 원

☞ [감가상각비(리스비, 렌트비)](1,200만 원)×업무사용비율 (60%)=720만 원

☞ Min[720만 원, 800만 원]=720만 원

◆ 이월되는 감가상각비 한도초과액: 0원

※ 업무사용 감가상각비 720만 원이 연간 세법상 한도 800만 원 이하이므로 올해 이월되는 감가상각비는 없음

④ 경비 산입 가능한 '기타 업무용 승용차 관련비용': 780만 원

- ◆ 1,300만 원×60%=780만 원 (나머지 520만 원은 비용처리 불가능하며 이월되지도 않음)

⑤ 실제 올해 경비처리 가능한 금액(③+④): 1,500만 원

- ◆ 720만 원 + 780만 원=1,500만 원

⑥ 차량 관련비용으로 절세 가능한 금액: 세율 22%(법인 지방소득세 포함)

- ◆ 전체 절세 가능한 금액: 330만 원
- ☞ 1,500만 원(총 업무사용금액)×22%=330만 원
- ◆ 올해 절세 가능한 금액: 330만 원
- ☞ 1,500만 원(실제 올해 비용처리 가능한 금액)×22%=330만 원
- ◆ 이월되는 절세 가능한 금액: 0원

3. 비용처리 되지 못한 업무용 승용차 관련 비용의 재앙은 무엇인가?

올해 비용처리 안 되고 이월되는 경우는 이후에 비용처리하면 된다. 하지만 업무사용비율이 100%가 되지 않아 비용처리 불가능한 비용은 앞으로도 비용처리되지 않는다. 업무사용비율이 50%인 경우 총 업무용 승용차 관련비용 2천만 원의 50%인 1천만 원은 비용처리되고 나머

지 금액은 절대 비용처리 되지 않는다. 이런 비용의 경우 법인과 개인 사업자에 따라 불이익이 다르다. 9인승 이상의 승용차나 영업용 차량 등은 개정세법의 적용을 받지 않기 때문에 아래의 내용과 관련이 없다.

(1) 법인의 경우 불이익

법인이 업무용 승용차 관련 비용을 인정 못 받는 경우 비용처리 불가능으로 인해 법인세가 증가한다. 또한, 업무용 승용차를 업무용이 아닌 용도로 일부 사용한 것에 대해 해당차량 사용자(대표이사)가 책임을 진다. 즉, 해당차량 사용자(대표이사)의 상여(급여)로 보고 사용자(원칙) 혹은 대표이사에게 소득세를 부과하는 것이다. 법인은 대표이사나 해당 사용자와 분리된 존재로 보기 때문에 각각에 대해 불이익이 발생하는 것이다.

위 예시에서 업무사용비율이 50%인 경우 1천만 원은 비용처리 가능하고, 1천만 원은 비용처리 불가능하다. 1천만 원을 비용처리 못 하기 때문에 법인세가 법인세율만큼 증가하게 된다. 만약 지방세 포함 법인세율이 11%이면 110만 원, 22%이면 220만 원 만큼 법인세가 증가하게 된다.

비용처리 불가능한 1천만 원은 대표이사의 상여(급여)가 되기 때문에 대표이사 소득세율이 지방세 포함 26.4%이면 264만 원, 38.5%이면 385만 원 만큼 소득세가 증가하게 된다.

1천만 원을 비용처리 못 하게 되면 법인은 법인세와 소득세로 몇백만 원의 세금을 추가로 납부하게 된다.

(2) 개인사업자의 경우 불이익

개인사업자는 대표와 사업체가 동일체로 여겨진다. 따라서, 비용으로 인정받지 못하는 1천만 원에 대해 종합소득세만 증가하게 된다. 만약 지방세 포함 소득세율이 26.4%이면 264만 원, 38.5%이면 385만 원만큼 종합소득세가 증가하게 된다. 업무용 승용차를 비업무용으로 사용하는 경우 법인이 훨씬 엄격한 규제를 받는다고 할 수 있다.

4. 업무용 승용차의 차량운행일지는 꼭 써야 하는가?

(1) 차량운행일지는 무엇이고 왜 써야 하는가?

차량운행일지는 시승일지와 매우 비슷하다. 목적은 업무용 승용차의 업무사용비율을 계산하기 위한 것이다. 업무사용비율은 해당 업무용 승용차를 업무에 얼마나 사용했는지를 나타내는 비율로써 전에 설명한 것처럼 업무용 승용차의 비용처리 가능금액을 계산하는 기준이 된다.

9인승 이상의 승용자동차, 영업용 승용자동차, 경차, 트럭 혹은 11인승 이상의 승합차 등은 차량운행일지를 작성하지 않아도 차량 관련비용 전액을 비용으로 인정받을 수 있다.

(2) 차량운행일지 작성방법

아래는 국세청에서 제시한 업무용 승용차 차량운행일지(운행기록부) 양식이다. 어떻게 작성해야 하는지 알아보자. 먼저 법인은 법인명, 개인은 상호와 사업자등록번호를 기록한다. 사업연도는 통상 '2018년 1월 1일~2018년 12월 31일'과 같이 표기하면 된다. 외국계 법인들은 가끔 사업연도가 다른 경우가 있으니 주의해야 한다.

※ 업무용 승용차 운행일지(운행기록부) 국세청 양식

【업무용승용차 운행기록부에 관한 별지 서식】 <2016. 4. 1. 제정>

사 업 연 도	~	업무용승용차 운행기록부	법 인 명	
			사 업 자 등 록 번 호	

1. 기본정보

①차 종	②자동차등록번호

2. 업무용 사용비율 계산

③사용일자 (요일)	④사용자		⑤주행 전 계기판의 거리(km)	⑥주행 후 계기판의 거리(km)	⑦주행거리(km)	업무용 사용거리(km)		⑩비 고
	부서	성명				⑧출·퇴근용(km)	⑨일반 업무용(km)	
			⑪사업연도 총주행 거리(km)		⑫사업연도 업무용 사용거리(km)		⑬업무사용비율(⑫⑪)	

① 차종

해당 업무용 승용차의 차종을 기록하면 된다. 차량운행일지는 차량 1대마다 작성하는 것으로 해당 차종을 기록하면 된다.

② 자동차등록번호

해당 차량의 자동차등록번호를 표기하면 된다.

③ 사용일자

만약 해당 업무용 승용차를 대표 한 사람만 사용한다면 하루에 한 줄만 기록하면 된다. 동일한 차량을 여러 직원이 공유해 업무용으로 쓰는 경우 그날에 사용한 각 직원이 한 줄씩 사용일자를 기록하면 된다.

④ 사용자

사용자의 부서와 성명을 기록하면 된다. 특별한 부서가 없는 대표는 꼭 부서를 작성할 필요는 없다. 여러 직원이 동일 차량을 쓰는 경우 직원마다 행을 달리하여 부서와 성명을 작성하면 된다.

⑤ 주행 전 계기판 거리(km), ⑥ 주행 후 계기판 거리(km) 및 ⑦ 주행거리

주행 전 계기판의 거리와 주행 후 계기판의 거리를 작성한다. 주행 전후의 거리 차이가 주행거리가 된다. 시승일지 작성하는 방식과 유사하다. 이렇게 계산해서 작성하는 것이 번거로울 수 있으니, 국세청 양식보다는 엑셀로 양식을 만들어 사용하는 것이 좋을 듯하다.

⑧ 출·퇴근용(km), ⑨일반 업무용(km)

출·퇴근용(km)으로 이용하는 경우도 업무용으로 본다. 일반 업무용이란 제조 판매시설 등 해당 법인의 사업장 방문, 거래처 대리점 방문, 회의 참석, 판촉 활동, 업무 관련 교육 등에 사용한 거리를 적는다. ⑦의 주행거리 중 출·퇴근용과 업무용 거리가 얼마나 되는지 기록하는 것이다.

⑩ 비고

차량의 업무용 사용에 대해 필요한 사항을 기록하는 곳이다. 예를 들어 '수원 우리전자(협력사) 방문'과 같이 표기하면 된다. 업무용 사용을 입증할 증거가 있다면 같이 기록하고 첨부하면 된다. 업무일지 혹은 영수증과 같은 것이 증거가 될 것이다. 차량사용 시마다 모두 증거가 있지 않을 수도 있다. 가능한 업무용 사용증거를 기록한다고 생각하면 된다.

⑪ 사업연도 총 주행거리(km), ⑫ 해당연도 업무용 사용거리(km) 및 ⑬ 업무사용 비율

'⑦의 주행거리'의 연간 합이 해당 '사업연도 총 주행거리'가 된다. '업무용 사용거리' 연간 합이 '해당연도 업무용 사용거리'가 된다. 업무사용비율이란 '해당연도 업무용 사용거리'를 '사업연도 총 주행거리'로 나누어 계산한 백분율이다. 예를 들어 해당연도 업무용 사용거리는 1만 km이고 사업연도 총 주행거리가 2만km이면 업무사용비율은 50%가 된다.

다음은 업무용 승용차 운행일지 작성 예시이다. 엑셀로 양식을 만들어 작성되었다.

※ 업무용 승용차 운행일지 예시

사업연도	2018. 01 . 01 . ~ 2018. 12 . 31 .	업무용승용차 운행기록부		법 인 명	가나 주식회사
				사업자등록번호	123-45-67890

1.기본정보

①차종	②자동차등록번호
ABC5	서울 가 1234

2. 업무용 사용비율 계산

③사용일자 (요일)	④사용자		⑤주행 전 계기판의 거리 (km)	⑥주행후 계기판의 거리 (km)	⑦주행거리(km)	업무용 사용거리 (km)		⑩비고
	부서	성명				⑧출·퇴근용(km)	⑨일반 업무용(km)	
2018-01-03	영업1부	나성공	5,003	5,095	92	53	39	㈜ 나운 방문 : 업무일지, 영수증
2018-01-04	영업1부	나성공	5,095	5,180	85	53	32	세일즈 교육 참가 : 교육 등록증 첨부
2018-01-05	영업1부	나성공	5,180	5,273	93	53	40	㈜한국 방문(거래처) : 업무일지
2018-01-05	영업3분	여선우	5,273	5,325	52	-	52	㈜에이 관계자 미팅 : 업무일지, 영수증
2018-01-06	영업1부	나성공	5,325	5,490	165	53	112	대전지점 방문 : 업무일지, 영수증
2018-01-09	영업1부	나성공	5,490	5,543	53	50	-	내근
2018-01-10	영업1부	나성공	5,543	5,605	62	53	9	㈜LNK 방문(거래처) : 업무일지
2018-01-10	영업2부	박영훈	5,605	5,650	45	-	45	㈜유리온 방문(거래처) : 업무일지,영수증
2018-01-11	영업1부	나성공	5,650	5,742	92	53	39	제1공장 방문 : 업무일지
2018-01-12	영업1부	나성공	5,742	5,912	170	53	117	㈜아라한 방문(거래처) : 업무일지, 영수증
....	....	....	....	....	....	....	....	....
2018-12-28	영업1부	나성공	31,358	31,456	98	53	45	성남 지점 방문 : 업무일지, 영수증
			⑪사업연도 총주행 거리(km)			⑫사업연도 업무용 사용거리(km)		업무용사용비율(⑫/⑪)
			26,453			25,325		96%

차량운행일지 예시처럼 사업연도(연간) 총 업무용 사용거리를 총 주행거리로 나누면 업무용 사용비율을 계산할 수 있다. 예시에서는 96%로 거의 대부분 업무용으로 사용했음을 알 수 있다.

(3) 차량운행일지는 법인세나 종합소득세 신고 시 제출해야 하는가?

차량운행일지는 법인세나 종합소득세 신고 시 제출하는 서류는 아니다. 다만, 차량운행일지를 통해 계산된 '업무사용비율'은 법인세나 종합소득세 신고 시 신고서에 기록하는 항목이다. 즉, 업무사용비율이 96%라고 신고는 들어가지만 '차량운행일지'는 회사나 개인사업자가 보관하는 서류이다.

차량운행일지는 신고가 끝난 후 5년까지 보관해야 한다. 세무조사가 있거나 세무서에서 관련사항에 대한 소명요구가 있는 경우 제출하면 된다.

(4) 차량운행일지를 작성하지 않으면 연간 차량별 세무상 비용처리 가능금액이 최대 1천만 원이다.

9인승 미만 업무용 승용차 비용처리가 '감가상각비, 리스비 및 렌트비'와 '기타 업무용 승용차 관련 비용'을 합하여 연간 1천만 원까지만 가능하다고 생각하는 경우가 많다. 연간 업무용 승용차 별로 비용처리가 1천만 원으로 한정되는 경우는 '차량운행일지'를 작성하지 않았을 때뿐이다. 일종의 불이익이라고 볼 수 있다. 1천만 원의 한도도 해당 연도 중간에 업무용 승용차를 취득·리스·렌트한 경우는 월수에 따라 한도가 줄어들 수 있다. 예를 들어 2018년 7월 1일에 취득·리스·렌트한 경우 그해 차량운행일지를 작성하지 않았다면 한도가 1천만 원×6개월/12개월로 계산된 5백만 원이 된다. 연도 중간에 처분 및 리스·렌트 종결한 경우도 마찬가지로 처분 전까지 월수로 계산되어 한도가 줄어들 수 있다. 예를 들어 차량운행일지를 작성하지 않고 업무용 승용차를 3월 2일에 처분했다면 그해 해당 업무용 승용차의 비용처리 한도는 1천만 원×3개월/12개월로 계산되어 250만 원이 된다. 계산 시 3월 2일과 같이 말일이 안 되어 처분 및 리스·렌트 종결해도 한 달로 계산한다. 즉 이 경우 3월 31일에 처분하나, 3월 1일에 처분하나 한도는 동일하게 250만 원이 된다.

차량운행일지를 작성하지 않은 경우 업무사용비율을 구할 수가 없다. 해당연도 1월 1일에 취득했고 그해 업무용 승용차 관련비용이 1천만 원 미만인 경우는 업무사용비율을 100%로 보아 전액 인정이 되지만, 1천만 원을 초과하는 경우는 '1천만 원을 업무용 승용차 관련비용으로 나눈 비율'을 업무사용비율로 하여 비용처리 한도를 계산해야 한다. 이 경우 계산해 보면 비용처리 한도가 1천만 원이 된다. 즉, 1천만 원 미만이면 비용처리 가능금액은 그 금액이 되지만 1천만 원을 초과하면 비용처리 가능금액은 1천만 원이 된다고 생각하면 된다. 조심할 것은 중간에 취득·리스·렌트하거나 처분 및 종결하는 경우는 그 1천만 원 한도도 월 수에 따라 줄어든다는 것이다.

이전 사례에서 1월 1일 취득한 '업무용 승용차 관련비용'이 총 2천만 원이었다. 만약 차량운행일지 작성이 되지 않았다면, 업무사용비율은 1천만 원/2천만 원×100%인 50%가 된다. 이 경우 비용처리 가능한 비용은 2천만 원의 50%인 1천만 원이 된다. 나머지 1천만 원은 이월되지도 않고 비용처리 되지도 않는다.

차량운행일지를 작성하지 않고 '업무용 승용차 관련 비용'이 1천만 원 미만인 경우를 생각해 보자. 예를 들어 해당연도의 감가상각비(리스비, 렌트비)가 7백만 원이고 기타 업무용 승용차 관련비용이 2백만 원이라면 전액 그해의 비용으로 처리할 수 있다. 하지만, 해당연도의 감가상각비(리스비, 렌트비)가 9백만 원이고 기타 업무용 승용차 관련비용이 80만 원이라면 그해 비용처리 되는 감가상각비(리스비, 렌트비)는 8백만 원이고 1백만 원은 이월된다. 기타 업무용 승용차 관련비용은 80만 원 인정되어 총 해당연도에 비용처리 되는 자동차 관련비용은 880만 원이 된다. 총 자동차 관련비용이 1천만 원 미만이면 전액 비용처리는 가능하지만, 예에서와 같이 드문 경우에 감가상각비(리스비, 렌트비)연간 한도 800만 원으로 인해 이월되는 금액이 발생해서 그해에 비용처리 가능한 금액이 실제 발생한 자동차 관련비용 980만 원보다 적어질수도 있다.

(5) 차량운행일지를 효율적으로 쓰는 방법은 무엇인가?

차량운행일지는 평소에 기록을 잘해야 한다. 또한, 차량운행과 관련된 출장품의서, 요금소 영수증 등은 같이 첨부하여 보관하는 것이 좋다. 또한, 국세청에서 제시한 양식을 바탕으로 엑셀 등으로 서식을 만들어 사용하면 효율적이다. 차량운행일지를 작성하는 스마트폰 앱 등도 많이 개발되어 있으니 자신에게 맞는 방법으로 작성하면 된다.

👥 상담 포인트: 9인승 미만 업무용 승용차의 차량운행일지 작성에 관하여 상담하기

실제로 법인이나 개인사업체에서 차량운행일지를 작성하지 못해 연간 비용한도 1천만 원의 불이익을 받는 경우는 드물 것으로 생각이 든다. 세무사의 조력을 받는 경우 사전에 차량운행일지에 대한 안내를 받아 작성하였을 것으로 생각된다. 이제 고객과 상담 시 비용은 1천만 원까지만 된다고 상담해서는 안 될 것이다. 또한, 차량운행일지는 법인세나 종합소득세 신고 시 제출하는 서류가 아니다. 신고된 업무용 승용차 관련비용에 관해 세무서에서 필요에 따라 제출을 요구하는 경우 제출하도록 되어있다. 따라서 미리미리 작성해 두어 어려움이 없도록 상담해 줘야 한다.

5. 올해 비용처리되지 못하고 이월된
업무용 승용차 관련비용은 어떻게 되는가?

9인승 미만 업무용 승용차가 아닌 경우는 이전과 같이 그해의 차량 관련 경비 전액을 해당 연도에 비용처리 가능하기 때문에 다음 해로 이월되는 비용이 있을 수 없다. 하지만, 9인승 미만 업무용 승용차는 금융방식에 따른 감가상각비, 리스비 및 렌트비에 따라 올해 비용처리 되지 못하고 이월되는 경우 향후 비용처리 방식에 차이가 있을 수 있다.

(1) 9인승 미만 업무용 승용차 감가상각비 이월금액의 비용처리

현금이나 할부의 경우 취득가를 매년 1/5 한 금액을 회계상 감가상각비로 처리한다. 만약 5천만 원짜리 자동차를 1월 1일에 구매한 경우 연간 감가상각비로 회계상 1천만 원을 반영한다. 만약 업무사용비율이 100%라 한다면 세무상 연간 한도는 8백만 원이므로 연간 2백만 원의 비용이 이월된다.

5년의 감가상각기간이 경과한 경우 세무상 미처리된 비용은 1천만 원(연간 2백만 원×5년)이 된다. 5년이 경과한 6년 차에는 회사가 회계상 반영할 감가상각비가 없다. 하지만, 세무상 감가상각비 미처리분(이월된 금액) 1천만 원에 대해 6년 차부터 8백만 원을 한도로 비용처리하게 된다. 즉 6년 차에 8백만 원, 7년 차에 2백만을 세무상 비용처리 한다.

감가상각비는 아래의 리스비나 렌트비와는 달리 약정기간이라는 것이 없다. 따라서, 약정 리스기간 혹은 렌트기간 후 몇년 동안 미처리되어 이월된 감가상각비가 처리된다는 규정이 없다. 이월된 감가상각비가 완전히 없어질 때까지 계속 비용처리된다고 생각하면 된다. 예를 들어 5년간 감가상각비로 비용처리 후 2천만 원의 감가상각비가 미처리 이월금액으로 남아 있다면 이후 매년 8백만 원을 한도로 비용처리 가능하다. 따라서, 5년이 지난 후 추가로 2년 동안은 8백만 원씩 비용처리되고, 마지막 해에는 4백만 원이 비용처리 가능하다.

세무신고를 할 때 회계상 반영된 감가상각비 중 얼마가 그해에 비용처리 되고, 얼마가 이월되는지 세무서식에 기록하여 세무서에 신고하게 된다. 따라서, 5년이 경과되어 회계상 감가상각비가 없다 할지라도 신고된 세무서식을 보고 비용처리하면 된다. 물론 사업자가 직접 하는 경우는 거의 없고, 대부분 세무사가 세무처리를 대행할 것이다.

(2) 리스비 및 렌트비 이월금액의 비용처리
리스비와 렌트비는 세무상 비용처리 방식이 매우 유사하다. 리스비가 매달 110만 원이라면 연간 리스비는 1,320만 원이 된다. 만약 업무사용비율이 100%라고 한다면 연간 한도가 감가상각비, 리스비, 렌트비가 모두 8백만 원이므로 연간 520만 원씩 이월된다.

리스비나 렌트비는 리스기간 또는 렌트 기간이 종료된 후 10년 동안 미처리된 세무상 비용을 연간 8백만 원 한도로 비용처리 한다. 3년 리스인 경우, 매년 미처리된 금액 520만 원이 리스기간이 끝난 후에는 1,560만 원이 된다. 이 금액은 리스 시작 후 4년 차부터 13년 차까지 비용처리 가능하다. 이 경우 4년 차에 8백만 원, 5년 차에 760만 원 비용처리하면 모든 이월된 리스비에 대한 비용처리가 끝나게 된다.

만약 업무사용비율이 50%라면 리스비 1,320만 원 중 660만 원은 리스비로 그해 비용처리 가능하나 660만 원은 비용처리와 이월 모두 불가능하다. 따라서 그해 세무상 리스비로 처리가능한 금액은 660만 원이며 이월되는 금액은 없다. 업무사용비율이 낮으면 감가상각비, 리스비 혹은 렌트비가 많이 발생해도 그중 일부 금액만 비용처리 되고 이월되는 금액이 없을 수도 있다.

만약 리스기간이나 렌트기간 종료 후 10년까지 비용처리되지 못한 금액이 있다면 종료 후 10년이 되는 시점에 한꺼번에 비용처리해야 한다. 만약 업무사용비율이 100%이고 리스비가 월 5백만 원이면 3년 리스기간 경과 후 미처리된 리스비는(6천만 원-8백만 원)×3년인 15,600만 원이 된다. 15,600만 원을 리스기간 경과 후 10년(리스시작부터는 13년)까지 비용처리해도 미처리한 비용이 있게 된다. 그 미처리된 금액은 리스기간 경과 후 10년 차에 모두 비용처리해야 한다. 마지막으로 모두 비용처리되는 금액은 8,400만 원[15,600만 원-(800만 원×9년)]이 된다. 아래 예시는 업무사용비율이 100%이고 세 번 동일한 운용리스 금액으로 재리스하고 반납하는 경우를 가정했다.

※ 운용리스 기간이 종료되어 반납 후 10년간 비용 처리되는 경우

(단위: 만 원)

구분		1년	2년	3년	4년	5년	6년	7년	8년	9년	10년	11년	12년	13년	…
1번째 리스	연간 리스비	6,000	6,000	6,000											
	세무상 비용처리 금액	800	800	800	800	800	800	800	800	800	800	800	800	8,400	
	이월금액	5,200	5,200	5,200											
2번째 리스	연간 리스비				6,000	6,000	6,000								
	세무상 비용처리 금액				800	800	800	800	800	800	800	800	800	800	…
	이월금액				5,200	5,200	5,200								
3번째 리스	연간 리스비							6,000	6,000	6,000					
	세무상 비용처리 금액							800	800	800	800	800	800	800	…
	이월금액							5,200	5,200	5,200					
세무상 연간 총비용처리금액		800	800	800	1,600	1,600	1,600	2,400	2,400	2,400	2,400	2,400	2,400	10,000	…

(3) 업무용 승용차가 여러 대인 경우 비용처리

위에서 설명한 내용 모두 법인이나 개인사업자가 1대의 업무용 승용차를 소유한 경우를 가정했다. 만약 2대 이상의 업무용 승용차를 소유하고 업무사용비율이 100%라면 위와 같은 처리가 중복해서 발생한다.

6. 업무용 승용차의 운용리스 이용 시
고객의 선택에 따라 비용처리는 어떻게 달라지는가?

9인승 미만 업무용 승용차의 운용리스와 렌트는 비용처리 방식이 비슷하다. 운용리스에서 발생하는 아래의 4가지 경우가 렌트에서도 발생 가능하다. 운용리스의 예를 통해 각각의 경우 세무상 어떻게 비용처리되는지 알아보자.

구 분	세무상 비용처리
보증금 환급 후 자동차 반납	미처리된 리스비에 대해 리스기간 종료 후 10년간 비용처리
보증금 포기 후 자동차 취득	미처리된 리스비는 리스기간 종료 후 10년간 비용처리 보증금 포기 후 취득 시 중고차를 취득한 것으로 보아 감가상각비용처리
계약기간 중 운영 리스 승계	승계 시 리스기간이 종료된 것으로 보아 이후 10년간 비용처리
계약기간 종료 후 승계(완납승계)	미처리된 리스비는 리스기간 종료 후 10년간 비용처리(보증금 환급 후 반납의 경우와 비용처리 방식이 동일함) 완납승계 시 발생하는 이익은 영업 외 이익인 잡이익 등으로 처리되어 그에 대한 세금이 발생함

(1) 보증금을 환급받고 차를 반납하는 경우

3년 리스기간 이후에 보증금을 환급 받고 차를 반납하는 경우, 3년 간 발생한 리스비 중에서 이월되어 넘어간 금액이 있다면 리스기간이 끝나는 4년 차부터 10년간 연 8백만 원을 한도로 비용처리된다. 리스기간이 끝난 후 차량을 사용하거나 소유하지 않더라도 이미 발생한 비용 중 처리되지 못해 이월된 금액은 리스기간 종료 후 비용처리가 가능하다. 3년 리스의 경우 최장 총 13년이 소요될 수 있다. 만약 리스기간 종료 후 10년이 되는 해에도 처리되지 못한 이월금액이 있다면 그 종료 후 10년이 되는 해에 한꺼번에 비용처리 할 수 있다. 렌트의 경우에도 비용처리 방식은 동일하다.

예를 들어, 월 리스비가 80만 원이고 3년 약정인 업무용 승용차라고 생각해 보자. 연간 리스비는 960만 원이 된다. 업무용 승용차 운행일지 상 업무사용비율은 100%라고 가정한다. 이 경우 연간 비용처리 가능한 리스비는 960만 원의 100%인 960만 원과 8백만 원 중 적은 금액인 8백만 원이다. 160만 원은 그해 비용처리되지 못하고 다음 해로 넘어가게 된다. 3년간 그해에 비용처리되지 못하고 넘어가는 누적 금액은 160만 원×3년인 480만 원이 된다. 이 480만 원은 리스기간이 끝난 4년 차부터 8백만 원을 한도로 비용처리되므로 4년 차에 480만 원 전액이 비용처리되는 것이다.

운용리스 차량을 반납하고 새롭게 동일한 금액으로 리스한다면 위의 비용처리 방식이 동일하게 4년 차부터 발생하게 된다. 앞에서 한번 설명한 바 있지만 리스금액이 다른 경우를 가정하여 다음과 같이 예상해 볼 수 있다.

※ 차를 반납한 후 새로운 차를 동일 조건으로 세 번 리스한 경우

(단위: 만 원)

구 분		1년	2년	3년	4년	5년	6년	7년	8년	9년	10년
1번째 리스	연간 리스비	960	960	960							
	세무상 비용처리 금액	800	800	800	480						
	이월금액	160	160	160							
2번째 리스	연간 리스비				960	960	960				
	세무상 비용처리 금액				800	800	800	480			
	이월금액				160	160	160				
3번째 리스	연간 리스비							960	960	960	
	세무상 비용처리 금액							800	800	800	480
	이월금액							160	160	160	
세무상 연간 총비용처리금액		800	800	800	1,280	800	800	1,280	800	800	480

만약 업무사용비율이 80%라고 한다면, 960만 원의 80%인 768만 원이 비용처리 가능금액이다. 이때는 960만 원과 768만 원의 차액인 192만 원은 다음 해로 이월되어 비용처리되는 것이 아니라 비용처리 불가능한 비용이 되는 것이다. 이월되는 금액이 존재하려면 리스비에 업무사용비율을 곱한 금액이 8백만 원을 초과해야 한다. 그 초과한 금액이 이월되는 것이다. 만약 8백만 원에 미달하면 그 금액이 그해 처리가 능한 리스비 혹은 렌트비이고 이월되는 금액은 없다.

위의 표는 리스비나 렌트비에 대한 것이며 감가상각비, 리스비 및 렌

트비 외의 기타 자동차 관련 비용인 보험료, 수리비 및 자동차세 등은 업무사용비율 만큼 그해에 비용처리되고 나머지는 이월되지도 않고 비용처리도 될 수 없다.

리스기간이 끝나면 회계장부에는 리스비로 기록되는 금액은 없다. 하지만 세무상 매년 이월되는 금액은 세무서에 신고가 되므로 세무장부상에서 이월된 금액이 비용처리 될 수 있다.

(2) 보증금을 포기하고 차를 취득하는 경우

보증금을 포기하고 차를 취득하는 경우 중고차를 취득하는 것으로 보면 된다. 이때 취득세가 발생하게 된다. 취득가격은 포기한 보증금 가액과 취득세 등 취득에 필요한 모든 금액을 포함한 것이다.

만약, 운용리스 기간 종결 후 자동차 취득을 위해 포기한 보증금이 2천만 원이었고, 취득세가 140만 원(가정임), 국채를 사고팔았을 때 발생한 손실이 15만 원, 그리고 기타 취득 시 발생비용이 10만 원이었다면 총 취득금액은 2,165만 원이 되고 이 금액을 매년 1/5의 비율로 감가상각하면 된다. 만약 1월 1일 취득했다면 매년 433만 원씩 감가상각 비용처리하면 된다. 433만 원에 업무사용비율을 곱한 금액과, 8백만 원 중 적은 금액이 중고차 취득 후 매년 감가상각비용으로 세무상 처리 가능한 금액이다.

※ 그해에 세무상 비용처리 되는 감가상각비: Min[433만 원×
　 100%(업무사용비율 가정), 800만 원]=433만 원

만약 위 방식으로 보증금을 포기하고 1월 1일 취득한 중고차 가격이 5천만 원이고 업무사용비율이 100%라고 한다면, 연간 회계상 감가상각비는 5천만 원×1/5인 1천만 원이고 세무상 연간 비용처리 가능한 금액은 Min [1천만 원×100%, 8백만 원]인 8백만 원이 된다. 물론 이때 1천만 원과 8백만 원의 차이인 2백만 원은 업무사용비율이 100%이므로 다음 해로 이월되어 비용처리 된다.

> ※ 그해에 세무상 비용처리 되는 감가상각비: Min[1,000만 원×100%(업무사용비율 가정), 800만 원]=800만 원, 이월되는 감가상각비는 200만 원

다음과 같이 세무상 비용처리 되는 금액을 예상해 볼 수 있다.

※ 운용리스 기간 종료 후 해당 자동차를 취득한 경우

(단위: 만 원)

구 분		1년	2년	3년	4년	5년	6년	7년	8년
운용 리스	연간 리스비	960	960	960					
	세무상 비용처리 되는 리스비	800	800	800	480				
	이월금액	160	160	160					
리스 후 취득 (취득금액: 2,165만 원)	연간 감가상각비				433	433	433	433	433
	세무상 비용처리 되는 감가상각비				433	433	433	433	433
	이월금액				–	–	–		
세무상 연간 총비용처리 금액		800	800	800	913	433	433	433	433

(3) 운용리스 기간 중 승계하는 경우

운용리스 기간은 3년인데 2년이 지난 후 리스를 승계하는 경우 리스 승계 시점에 리스기간이 끝난 것으로 보면 된다. 따라서, 2년간 비용처리되지 못하고 이월된 업무용 승용차 관련비용은 그 후 10년간 연간 8백만 원 한도로 비용처리 가능하다.

연간 리스비가 960만 원이고 업무사용비율이 100%라면 연간 이월되는 리스비는 160만 원이 된다. 2년이 지난 후 승계하는 경우 그동안 비용처리 못된 금액은 320만 원이 되고, 3년 차에 320만 원이 비용처리된다. 이 경우 연간 한도 8백만 원이 넘지 않기 때문에 리스승계 후 다음 해에 모두 비용처리가 가능하다.

리스승계 시 규정손해금이 발생할 수 있다. 이 금액은 약정기간을 다 채우지 못한 것에 대한 위약금이라고 생각할 수 있다. 규정손해금이 발생했다면 계약위반에 따른 손실금액으로 사업자의 경우 판매관리비로 모두 비용처리하면 된다. 승계가 아닌 단순히 리스를 해지하는 경우 해당 해지시점에 리스기간이 끝난 것으로 보아 이후 10년간 미처리되고 이월된 리스금액을 비용처리하면 된다. 중도해지 수수료가 발생할 수 있으며 이 역시 계약위반에 따른 손실로 사업자의 경우 판매관리비 항목으로 처리하면 된다. 규정손해금과 중도해지 수수료 모두 발생한 사업연도에 비용처리하면 된다.

(4) 계약기간 종료 후 완납 승계하는 경우

계약기간이 종료된 후 보증금을 포기하고 완납승계 시 리스사로부터 보증금보다 많은 금액을 받는 경우 영업 외 이익인 잡이익 등으로 처리 가능하다. 만약 사업자가 아닌 경우는 이익으로 처리할 필요는 없다. 또한 원칙적으로 사업자인 경우, 이익금액에 대해 세금계산서를 발급해야 하고 부가가치세 신고 시 이익금액의 10%를 부가가치세로 납부해야 한다.

이미 설명한 것처럼 계약종료 시까지 지급한 리스비에 대해 비용처리 못 한 이월된 금액은 계약 종료된 시점부터 10년간 연간 8백만 원을 한도로 비용처리 가능하다. 계약종료 후 10년이 되는 시점까지 비용처리 되지 못한 금액은 10년 차 되는 시점에 한꺼번에 비용처리 된다.

7. 자동차 금융리스의 비용처리 방법은 어떻게 되는가?

금융리스와 운용리스의 차이에 대해서는 이미 살펴보았다. 금융리스로 자동차를 구매하는 경우 비용처리에 대해 알아보자. 금융리스로 차를 구매 시 고객은 자산과 부채를 동시에 재무상태표에 기록하게 된다. 세무상 실질적 소유자는 고객으로 보기 때문에 자신의 자산으로 생각할 수 있다. 이 자산을 금융리스 자산이라 한다. 외부감사를 받지 않는 중소기업인 경우 원한다면 재무상태표에 금융리스 자산이 아닌 차량운반구라고 표기할 수도 있다. 또한, 약정기간 후 형식적 소유권이 이전되기 전에는 리스사에 대한 채무가 발생하게 되므로 금융리스 부채라는 부채가 동시에 발생하는 것이다.

(1) 금융리스 자산의 감가상각 비용처리

할부나 현금으로 차를 구매하면 차량운반구라는 자산이 재무상태표에 나타나지만, 금융리스에서는 금융리스기간 종료 후 고객이 형식상 소유권을 취득하기 전에는 차량운반구라고 자산 표기를 하지 않아도 된다. 대신, 금융리스 자산이라는 항목이 발생한다. 사업자가 자산으로 잡는 금융리스 자산의 취득금액은 계약기간 동안 지급할 원금과 이자를 현재가치로 환원한 금액에 각종 취득 시 발생한 취득세 등을 합한 금액이다. 고객과 상담 시는 약간의 차이가 있지만 계약한 금융리스 차량가액을 금융리스 자산의 가액으로 생각하고 상담해도 된다.

금융리스 자산은 감가상각 방법을 통해 비용처리 한다. 9인승 미만 업무용 승용차가 아닌 영업용 차량 등은 감가상각 시 예전과 같이 취득금액에 45.1%를 곱하는 정률법으로 비용처리하면 된다. 하지만, 9인승 미만 업무용 승용차인 경우는 취득금액에 1/5을 곱하는 방식으로 회계상 비용처리하면 된다. 이 회계상 비용은 이미 설명한 것처럼 세무상 연간 한도 8백만 원 내에서 처리되고 나머지는 이월하게 된다. 이월된 감가상각비는 회계상 감가상각이 끝난 이후에 연간 8백만 원을 한도로 비용처리하면 된다.

(2) 금융리스의 이자비용처리

금융리스는 대출의 개념이므로 금융리스 자산이라는 항목과 함께 금융리스 부채라는 부채항목이 생긴다. 이 부채는 매월 금융리스비를 지급하면서 갚아 나가는 것이다. 매월 지급하는 금융리스비에는 원금과 이자가 포함되는데, 이 중 원금을 제외한 이자 부분은 금융리스이자로 비용처리하게 되어있다. 영업용 차량 등은 금융리스 이자가 모두 비용처리되며, 9인승 미만 업무용 승용차의 경우도 업무사용비율이 100%라면 '기타 업무용 승용차 관련비용'에 포함되어 모두 그해에 비용처리가 가능하다.

8. 법인이 해산하거나 개인사업자가 폐업하는 경우 미처리된 업무용 승용차의 감가상각비, 리스비, 렌트비는 어떻게 되는가?

(1) 법인이 해산한 경우

법인이 해산하는 경우 그동안 비용 처리되지 못하고 이월되었던 9인승 미만 업무용 승용차의 감가상각비, 리스비, 렌트비가 한꺼번에 비용처리된다. 만약, 법인 해산시점에 미처리된 감가상각비, 리스비 혹은 렌트비가 5백만 원이라면 해산시점이 속한 연도에 5백만 원을 모두 비용처리하면 된다.

법인의 해산과 폐업을 혼동하면 안 된다. 해산은 해산등기를 통해 이뤄지고 폐업은 세무서에 폐업신청을 해야 한다. 해산은 법인의 정관 등에서 정한 본래의 활동을 종료하고 잔여재산을 정리하는 상태로 들어가는 것을 말한다. 즉 해산등기 후에 청산과정이 이뤄지는데 청산과정이 끝나면 법인은 완전히 소멸하는 것이다. 따라서, 법인이 세무서에서 폐업되었을지라도 그동안 이월된 감가상각비, 리스비, 렌트비가 전부 비용처리 되는 것이 아니다. 법원에 해산등기가 끝난 상태에서만 전부 비용처리가 가능하다.

(2) 개인사업자가 폐업한 경우

개인사업자는 해산이라는 것이 없다. 따라서 폐업 시에 그동안 비용처리 못되고 이월되었던 감가상각비, 리스비, 렌트비를 폐업하는 해에 모두 비용으로 처리하면 된다.

9. 법인의 임직원 전용 자동차보험이 꼭 필요한가?

임직원 전용 자동차보험이 2016년 4월부터 생겼다. 이 보험은 업무용 승용차 세법개정에 따라 생긴 보험이다. 이 보험이 무엇이고 주의할 점은 무엇인지 알아보자.

(1) 임직원 전용 자동차보험이란 무엇인가?

법인이 업무용 승용차를 구매, 리스 혹은 렌트해서 이용하는 경우 적용되는 보험에 대한 세법규정이다. 결국 개인사업자는 이전처럼 보험에 가입해도 전혀 문제가 없다는 의미이다. 또한, 9인승 이상의 승용자동차, 영업용 차량, 경차, 혹은 11인승 이상의 승합차량 등은 대상에서 제외된다.

세법이 개정되기 전에 법인의 대표가 고가의 승용차를 구매하여 자녀나 배우자가 타는 경우가 있었다. 이런 경우를 방지하기 위해 법인의 9인승 미만 업무용 승용차에 대해 '누구나 운전자 자동차보험'이 아닌 '임직원 전용 자동차보험'에 가입을 해야만 자동차 관련비용을 인정받을 수 있도록 법이 개정되었다. 이 법은 2016년부터 업무용 승용차를 새롭게 취득했거나 보험을 갱신하는 경우에 적용된다.

보험회사에서 관련 보험이 2016년 4월 1일에 출시됨에 따라, 2016년 1월 1일부터 3월 말까지 취득한 신규 차량의 자동차보험이나 갱신한 자동차보험은 '아무나 운전 자동차보험'에 가입이 되었어도 2016년도에는 인정을 해주었다. 하지만 2017년에 보험갱신 시 '임직원 전용 자동차보험'으로 가입을 하지 않으면 2016년분도 소급하여 같이 인정받을 수 없게 된다.

(2) '누구나 운전 자동차보험'과 '임직원 전용 자동차보험'은 어떻게 다른가?

두 보험 간의 차이를 다음과 같이 비교해 볼 수 있다.

※ 법인의 자동차보험 비교

구 분	누구나 운전 자동차보험	임직원 전용 자동차보험
개 념	업무용 및 영업용 자동차의 보험대상을 특정하여 지정하지 않음	임직원 운전자 한정운전 특약을 통해 운전자를 특정하는 보험
보험대상 운전자	한정하지 않음 (임직원이 아닌 가족도 가능)	법인의 임직원 및 해당 법인과 계약관계에 있는 업체의 임직원
적용 차량	개인사업자의 업무용 승용차, 영업용 승용차, 화물차, 승합차 등	법인 차량 중 9인승 미만 업무용 승용차
보상범위	운전자를 특정하지 않고 모두 보험 혜택이 가능함	해당 법인 임직원 및 법인과 계약관계 회사의 임직원이 운전 시만 보상 가능

(3) 임직원 전용 자동차보험에 가입하지 않는 법인은 어떤 불이익이 있는가?

① 해당 차량의 업무용 승용차 관련비용 전체를 비용으로 인정받지 못한다.

법인에 한정하여 임직원 전용 자동차보험의 대상이 된다. 만약 9인승 미만 업무용 승용차가 임직원 전용 자동차보험에 가입되지 않았다면 해당 차량의 '업무용 승용차 관련비용' 전체를 법인 비용으로 인정받지 못하게 된다.

예를 들어 해당 자동차의 '업무용 승용차 관련비용'이 2천만 원이라면 2천만 원 만큼 비용인정을 못 받게 된다. 만약 해당 법인의 법인세율이 20%라고 한다면 2천만 원의 22%(지방세 2% 포함)인 440만 원만큼 법인세가 증가하게 된다.

② 인정받지 못한 비용은 해당 대표이사의 상여(급여)로 소득세 대상이 된다.

인정받지 못한 법인의 '업무용 승용차 관련비용'에 대해 법인의 대표가 책임을 져야 한다. 즉, 대표가 그만큼을 급여로 가져간 것으로 본다. 대표이사의 급여가 증가하면 대표이사가 내야 할 소득세도 증가하게 된다.

위 위 사례에서 2천만 원을 비용으로 인정받지 못하게 된다면 법인 대표의 급여 또한 2천만 원이 증가하게 된다. 대표의 소득세율이 35%라고 한다면 2천만 원의 38.5%(지방세 3.5% 포함)인 770만 원만큼 대표의 소득세가 증가하게 된다.

법인세와 소득세를 포함해 증가하는 총 세금이 1,210만 원(법인세 440만 원+종합소득세 770만 원)이 되는 것이다. 법인이 '임직원 전용 자동차보험'에 가입하지 않아 발생하는 불이익은 우리의 생각보다 크다는 것을 알 수 있다.

(4) 렌트의 임직원 전용 자동차보험 적용은 어떻게 하는가?

렌트는 자동차보험이 렌트비에 포함되어 있다. 렌트사에서 해당 자동차의 보험 가입 시 '임직원 전용 자동차보험'에 가입을 해야 한다. 하지만 차량대여 시 '렌트카 임대차 특약'을 통해 법인의 임직원만 차량을 운행할 수 있는 특약계약이 있다면 '임직원 전용 자동차보험'에 가입한 것으로 간주해준다. 법을 완화해 준 것으로 볼 수 있다.

(5) 실제 법인에 근무하는 가족을 임직원으로 신고하고 인건비 처리하는 경우 법인의 부담액은 얼마나 되는가?

어떤 법인의 경우 대표의 배우자나 자녀가 해당 법인에서 일하지만 임직원으로 신고하지 않는 경우가 있다. 법인이 임직원 전용 자동차보험에 가입되어 있는 경우 해당 배우자나 자녀가 업무용 승용차를 사용하다 사고가 난다면 임직원이 아니기 때문에 보험혜택을 받을 수 없게 된다. 만약 임직원 전용 자동차보험에 가입하지 않고 '누구나 운전자 보험'에 가입한 경우라면 보험혜택은 받을 수 있을지 몰라도 세법상 해당 자동차의 '자동차 관련 비용' 전체를 인정받지 못하게 된다.

이 경우 배우자나 자녀를 해당 법인의 임직원으로 등록하고 세무서에 인건비 신고하는 것을 생각해 볼 수 있다. 이때 대표가 실제 부담하는 비용과 이익은 얼마나 되는지 알아보자.

월 급여가 150만 원 혹은 300만 원일 때 법인세율이 법인 지방소득세 포함 11%인 경우와 22%인 경우에 대해 분석해 보자.

먼저 월 급여가 150만 원이면 연간 총급여는 1,800만 원이 된다. 가족인 경우 4대 보험 중 국민연금과 건강보험만 대상이 된다. 이 두 금액의 합은 총급여의 약 16%인 288만 원이 되고 이 금액 중 50%는 회사부담분으로 비용처리가 가능하다. 종합소득공제를 400만 원으로 가정한 경우 소득세는 약 33,350원이 된다. 소득세가 없다고 생각해도 좋을 정도이다. 만약 100% 지분을 가진 회사 대표라면 가족에게 준 급여를 외부 순 유출로 보지는 않을 것이다. 순유출액은 2대 보험과 회사에서 일하는 가족의 소득세 부담액이 된다. 따라서 순 유출액은 288만 원과 소득세 33,350원을 합한 2,913,350원이 된다. 비용처리되는 금액은 총급여와 2대 보험 중 회사부담분의 합인 19,440,000원이 된다. 세율이 11%인 경우 절세금액은 2,138,400원이고 22%인 경우는 4,276,800원이 된다.

대표 입장에서 법인세율이 지방세 포함 11%에 해당하면 순유출액은 절세금액 2,138,400원과 유출금액 2,913,350원의 차이인 774,950원이 된다. 즉, 대표 생각 속의 유출금액과 법인에서 실제 지출되는 금액은 차이가 있는 것이다. 가족에게 지급된 급여는 외부지출인 2대 보험이나 소득세와 달리 순수한 지출로 받아들이지 않을 것이기 때문이다.

소득세율이 22%인 경우 동일한 방식으로 계산하면 오히려 절세금액이 지출보다 커져서 1,363,450원 순 유입금액이 발생한다고 볼 수 있다.

월 급여가 많아지면 이런 현상은 좀 더 두드러진다. 월 급여가 많아지면 11% 세율에서는 순 유출금액이 좀 더 커지지만 22% 세율에서는 순 유입액이 더 커진다. 적용되는 세율이 증가하면 급여가 증가함에 따라 절세금액의 크기도 더 커지기 때문이다.

※ 법인에서 일하는 가족을 직원으로 인건비 신고하는 경우 실제 부담금액 (예시)

구 분			경우 1	경우 2
월 급여			1,500,000원	3,000,000원
연간 총급여			18,000,000원	36,000,000원
종합소득공제(가정)			4,000,000원	5,000,000원
소득세 부담(예측)			33,350원	약 925,750원
2대 보험 총부담 (총급여의 약 16%: 국민연금과 건강보험)			2,880,000원 (사용자 부담금액은 50%인 1,440,000원)	5,760,000원 (사용자 부담금액은 50%인 2,880,000원)
법인세율	세율 11%	절세금액	(총급여+총 2대 보험료의 50%)×11%	19,440,000원×11%=2,138,400원	38,880,000원×11%=4,276,800원
		(+)순유입액, (−)순유출액	절세금액−유출금액(2대 보험 총부담액+소득세액)	2,138,400원−2,913,350원=(−)774,950원	4,276,800원−6,685,750원=(−)2,408,950원
	세율 22%	절세금액	(총급여+총 2대 보험료의 50%)×11%	19,440,000원×22%=4,276,800원	38,880,000원×22%=8,553,600원
		(+)순유입액, (−)순유출액	절세금액−유출금액(2대 보험 총부담액+소득세액)	4,276,800원−2,913,350원=(+)1,363,450원	8,553,600원−6,685,750원=(+)1,867,850원

👥 상담 포인트: 사업체에서 일하는 가족의 임직원 등록 상담하기

법인이 9인승 미만 업무용 승용자동차를 이용하는 경우 임직원 전용 자동차보험에 가입해야 한다. 임직원이 되어야 보험 혜택을 받을 수 있다는 의미이다. 만약 임직원 전용 자동차보험에 가입하지 않으면 해당 업무용 승용자동차 관련비용을 전혀 인정받지 못해 불이익이 크다.

일하고 있는 가족이 임직원이 되는 경우 세율에 따라 차이가 있으나, 순수하게 지출되는 금액은 적을 수 있다. 혹은 세율이 높다면 절세금액이 더 커져 오히려 법인세 절세효과가 발생할 수 있다.

특히 100% 1인 지분인 법인에 이런 계산방식이 더 적절할 것이다. 해당 법인에서 일하는 가족이 있는 경우 대표에게 직원으로 등록하여 세무서에 인건비 신고하고 국민연금과 건강보험에 가입하도록 권유하는 것도 좋은 방법이다.

10. 사업자가 아닌 근로소득자가 자동차를 구매하는 경우 받을 수 있는 혜택은 무엇인가?

영업사원이 가끔 듣는 질문 중 하나가 "사업자가 아니면 자동차 구매 시 혜택이 없나요?"라는 질문이다. 일단 사업자나 근로소득자가 아닌 순수한 개인은 아무런 혜택이 없다고 생각해야 한다. 근로자가 구매, 리스 혹은 렌트하는 경우 어떤 혜택이 있는지 생각해 보자.

(1) 근로소득자가 신용카드 등(신용카드, 직불카드, 현금영수증)으로 자동차를 구매하는 경우 신용카드 공제가 가능할까?

일반적으로 연말정산 시 근로소득자는 신용카드사용 금액이 전부 신용카드 공제대상인 것으로 생각하는 경우가 많다. 신용카드 공제란 근로소득자가 본인의 연간 총급여의 25%를 초과하여 신용카드, 직불카드 혹은 현금영수증을 사용하는 경우 공제해주는 제도이다. 신용카드 공제 시 본인 외에도 소득금액이 1백만 원 이하인 배우자, 직계존비속(부모, 조부모, 자녀, 손자)의 신용카드 등 사용금액도 본인의 신용카드 공제대상 금액으로 포함시킬 수 있다. 소득금액이 1백만 원 이하란 연간 매출(수입)에서 비용 뺀 금액이 1백만 원 이하란 의미이다. 근로소득자라면 총급여가 연간 5백만 원 이하인 경우를 말한다. 양도소득이나 퇴직소득이 있는 경우도 해당 배우자, 직계존비속의 소득금액이 1백만 원 이하인 경우만 합산이 가능하다.

다음의 각 경우에 대해 신용카드 공제대상이 되는지 알아보자.

① 신차를 신용카드 등으로 구매하는 경우

　신용카드 및 직불카드로 신차를 구매하거나 현금영수증을 발급받은 경우 신용카드 공제대상 금액이 아니다. 관련 세법에서 "자동차를 신용카드, 직불카드 또는 현금영수증으로 구매하는 경우"는 신용카드 공제대상 금액에서 제외하고 있기 때문이다.

② 중고자동차를 신용카드 등으로 구매하는 경우

　중고자동차를 신용카드 등으로 구매하는 경우 전체 구매금액의 10%

금액에 대해서 신용카드 공제대상 금액으로 인정해 주고 있다. 만약, 중고차 매매업자로부터 자동차를 구매할 때 취득금액 5천만 원을 모두 신용카드 등으로 구매하는 경우 10%인 5백만 원만 신용카드 등 사용금액으로 보아 연말정산 시 신용카드 공제금액을 계산하게 된다. 신용카드 등 공제대상이 된 경우 실제 공제금액은 신용카드의 경우 5백만 원의 15%인 75만 원이 되고 현금영수증이면 5백만 원의 30%인 150만 원이 된다. 절세되는 금액은 이 공제금액에 각자의 세율을 곱해 계산할 수 있다. 만약 신용카드 공제금액이 75만 원이고 소득세율이 38.5%(지방세 포함)라면 절세되는 금액은 288,750원이 된다.

③ 중고차 중개수수료를 신용카드 등으로 결제하는 경우

이때는 신용카드 등으로 결제한 중개수수료 모두(100%)가 신용카드 공제대상 금액이 된다. 하지만 실제로 이 수수료 금액을 구분하지 않고 중고차 가격에 포함시키는 경우가 많을 것으로 여겨진다. 중개수수료를 구분해서 인정받고 싶다면 별도로 중개수수료에 대해 신용카드 결제를 하거나 현금영수증 발급을 받아야 한다.

④ 운용리스비, 금융리스비, 렌트비를 신용카드 등으로 지급하는 경우

이 경우도 신용카드 공제대상 금액이 아니다. 관련 세법에서 리스비 또는 「여객자동차 운수사업법」에 의한 자동차대여사업의 자동차대여료인 렌트비는 신용카드 공제대상 금액에서 제외하고 있기 때문이다.

⑤ 취득세. 자동차세를 신용카드 등으로 납부하는 경우

이 경우도 신용카드 공제대상 금액이 아니다. 세법에서 '정부 또는 지방자치단체에 납부하는 국세·지방세, 전기료·수도료·전화료(정보사용료·인터넷이용료 등을 포함한다.)·아파트관리비·텔레비전시청료(「종합유선방송법」에 의한 종합유선방송의 이용료를 포함한다.) 및 도로통행료'를 신용카드로 납부하는 경우 신용카드 공제대상 금액에서 제외하도록 하기 때문이다.

⑥ 자동차보험료를 신용카드 등으로 납부하는 경우

사동차보험료 역시 신용카드 공제대상 금액이 아닌 것으로 관련 세법에서 규정하고 있다.

※ 자동차 관련 신용카드 등 사용금액 소득공제 대상 구분

거래구분	신용카드 등 사용금액 소득공제 여부	소득공제 대상금액
신규 자동차 구매	X	0원
중고 자동차 구매	△	구매금액의 10%
중고 자동차 중개수수료	O	수수료 금액의 100%
취득세, 공채, 인지대, 증지대	X	0원
렌트비, 리스비	X	0원
자동차보험료	X	0원

결론적으로 자동차구매, 리스 및 렌트 관련 비용에서 연말정산 시 '신용카드 등 사용금액 소득공제' 대상은 중고자동차를 구매하기 위해 결제한 금액의 10%와 중고자동차 중개수수료(100%)이다.

(2) 신용카드 등 공제는 얼마나 세금을 절세할 수 있을까?

'신용카드 등 사용금액에 대한 소득공제' 금액이 3백만 원이라면 세금

을 빼준다는 의미가 아니다. 소득공제란 총급여에서 근로소득공제라는 것을 빼주고 남은 금액에서 추가로 빼주는 것이다. 즉 세율을 곱하기 전의 금액인 과세표준을 낮추는 효과가 있는 것이다. 쉽게 생각해 사업자의 비용과 같은 개념으로 이해하면 된다. 예를 들어 신용카드 등 공제를 빼기 전 과세표준이 4,500만 원이라고 하면 추가로 3백만 원의 신용카드 공제가 들어가게 되면 과세표준이 4,200만 원으로 낮아지는 것이다. 실제 절세금액은 3백만 원에 각 개인의 세율을 곱한 금액이 된다.

만약, 중고차 가격이 3천만 원이고 모두 신용카드 등으로 결제했다고 한다면, 3백만 원이 신용카드 공제대상이 된다. 3백만 원 중 신용카드 공제금액은 15%인 45만 원이다. 근로소득자의 세율이 24%에 속한다면 절세금액은 45만 원에 26.4%(지방소득세 포함)를 곱한 118,800원이 된다. 만약 현금으로 지급하고 현금영수증을 발급받은 경우는 3백만 원의 30%인 90만 원이 신용카드 공제 금액이 된다. 이에 따른 절세금액은 90만 원의 26.4%(지방소득세 포함)인 237,600원이 된다. 신용카드사용보다는 현금영수증이 절세효과가 더 좋다는 것을 알 수 있다. 물론 중고차 관련 신용카드 결제금액 3백만 원 포함 전에 이미 총급여의 25%를 초과해 신용카드와 체크카드 사용금액 및 현금영수증 발급받은 금액이 있다고 가정한 경우이다. 만약 신용카드 등 총 사용금액이 연간 총급여의 25%를 초과하지 않는다면 신용카드 공제 대상금액이 없기 때문에 중고차를 신용카드 등으로 취득 시 절세금액도 없게 된다.

(3) 신용카드 등으로 결제를 원하는 고객과 상담 시 어떻게 할까?
고객과 상담 시 위에서 설명한 사항을 고려해 상담하는 것이 필요하다.

각 경우를 살펴보자.

① 근로소득자 고객과 상담 시

현금 등이 충분히 있는 경우 굳이 신용카드 결제를 해야 할 이유는 없다. 살펴본 바와 같이 근로소득자에 대한 신용카드 공제대상이 중고차 취득 시를 제외하고는 없기 때문이다. 신용카드 사용 시 고객이 신용카드사에 이자를 지급하게 되므로 오히려 부담이 증가할 수 있다.

현금 등으로 결제 시 신용카드 공제를 위해 증빙을 원한다면 현금영수증을 발급받으면 된다. 위에서 계산한 바와 같이 신용카드보다는 현금영수증이 절세효과가 더 좋다. 물론, 현금이 부족하거나 신용카드 포인트에 대해 민감한 고객이라면 신용카드 결제를 추천할 수밖에 없다.

② 개인사업자나 법인사업자와 상담 시

신용카드사용이 아니더라도 적격증빙인 현금영수증, 세금계산서 또는 계산서 등의 발급이 가능하기 때문에 일부러 신용카드를 사용할 필요는 없다. 취득세, 자동차세 및 보험료의 경우 현금이나 계좌이체로 지급하고 관련해 지급한 영수증 등 증빙만 갖추고 있다면, 국가나 금융기관과의 거래에 해당하기 때문에 사업용 비용처리에는 문제가 없다.

③ 프리랜서 개인고객과 상담 시

프리랜서도 사업소득이 발생한다. 앞에서 설명한 바와 같이 사업소득은 사업자등록증이 있는 사업자와 없는 프리랜서 모두에게 발생가능하다. 프리랜서도 종합소득세 신고방법은 사업자등록증을 가진 사업소득자와 동일하다.

따라서, 일반사업자처럼 현금영수증, 세금계산서(계산서)를 발급받을 수 있다. 세금계산서(계산서)를 발급받는 경우 사업자등록번호가 없으므로 프리랜서의 주민등록번호로 발급받으면 된다. 사업소득자는 근로소득자와 달리 신용카드 등 공제대상도 아니다. 따라서, 신용카드 할부를 이용해야 하는 경우가 아니라면 신용카드를 굳이 사용해 얻는 혜택은 없다. 현금영수증이나 세금계산서(계산서)를 통해서도 충분히 비용처리가 가능하다.

④ 금융소득자 혹은 소득이 없는 고객과 상담 시

자동차 구매에 따른 세금 혜택은 없다. 단 적격증빙을 갖추고자 하는 경우라면 현금영수증 등으로 충분하다. 신용카드사용의 세무적 이점은 없다.

결론은 현금이 부족하거나 할부보다 카드 이자가 싼 경우 혹은 카드 포인트가 많이 적립되는 경우가 아니라면 굳이 카드사 이자와 카드수수료가 발생하는 신용카드로 결제를 권할 필요는 없다는 것이다. 일반 고객이 생각하는 것과 달리 신차의 취득금액, 취득세 및 보험료 등은 신용카드 공제를 받을 수 없기 때문이다. 중고차의 경우 취득금액 전체를 신용카드로 결제해도 10%만 근로소득자의 신용카드 공제대상이 된다는 것을 잊지 말자.

'신용카드 등 사용금액에 대한 소득공제'에 대해서는 뒤의 '절세를 위한 종합소득세 신고 대비하기' 부분에서 좀 더 자세히 다룰 예정이다.

11. 부가가치세 매입세액 환급은 어떤 자동차가 가능하고 주의할 점은 무엇인가?

(1) 자동차의 부가가치세 환급(공제)이란 무엇인가?

부가가치세를 돌려받는 경우는 환급이라 표현하고 내야 할 부가가치세에서 빼주면 공제라고 한다. 아래에서는 통일해서 환급이라는 표현을 쓰기로 한다.

사업자가 사업에 사용할 목적으로 세법에서 규정한 자동차를 구매, 유지, 렌트하면서 세금계산서를 발급받거나 신용카드 등(직불카드 및 현금영수증 포함)으로 결제하는 경우 판매업체, 렌트사, 수리업체, 유류비에 지급한 부가가치세를 환급받을 수 있다.

차량을 취득하거나 렌트 시 발생한 부가가치세를 공제받을 수 있으면, 사용하면서 발생하는 수리비, 소모품비, 유류비 등에 포함된 부가가치세도 환급받을 수 있다고 생각하면 된다.

차량 리스 시는 부가가치세를 환급받을 수 없다. 그 이유는 리스업은 면세사업이기 때문에 고객이 리스비를 납부할 때 부가가치세를 추가하여 리스사에게 지급하지 않기 때문이다. 즉 자동차를 이용한 개인사업자나 법인이 부담한 부가가치세가 없으므로 환급받을 것도 없는 것이다.

(2) 부가가치세 환급이 되는 차량은 무엇인가?

아래와 같이 개별소비세가 과세되지 않는 차량의 구매, 유지, 임차비용에 관련된 매입세액을 환급받을 수 있다.

① 9인승 이상 승용자동차
② 11인승 이상의 승합자동차
③ 1,000cc 이하의 길이 3.6m, 너비 1.6m 이하의 경형 승용자동차 (모닝, 스파크, 레이 등)
④ 인승에 관계없이 승합차로 분류되는 경형 자동차(길이 3.6m, 너비 1.6m 이하)로서 승차 인원이 10인 이하인 전방조종 자동차(라보, 다마스 등)
⑤ 영업용으로 사용되는 운수업, 자동차 판매업, 자동차 임대업(렌트사), 운전학원업의 자동차, 무인경비업의 출동 차량, 자동차 판매업의 시승용 승용차 등
⑥ 화물 자동차(트럭)
⑦ 전기 승용자동차로서 길이 3.6m, 너비 1.6m 이하의 자동차(쉐보레 볼트 EV와 스파크 EV는 규격초과로 불공제됨)

※ 주의: 캠핑용 자동차와 트레일러는 자동차 관리법상 인승에 관계없이 승합차로 분류하지만, 개별소비세가 과세되는 자동차로 부가가치세가 환급되는 차량은 아니다.

(3) 자동차 관련 부가가치세를 환급받으려면 다음의 두 가지를 갖춰야 한다.
① 적격증빙인 세금계산서, 신용카드 및 직불카드 내역 혹은 현금영수증이 필요하다.

위 적격증빙 중 하나를 갖추지 못한 경우 부가가치세 환급을 받을 수 없다. 현금으로 결제한 경우 사업자는 반드시 세금계산서나, 현금영수증 발급을 요청해야 한다.

② **부가가치세 신고가 필요하다.**

적격증빙을 갖췄다면 부가가치세 신고기간에 부가가치세 신고를 해야 한다. 신고하지 않은 부가가치세 매입세액을 세무서에서 자동으로 공제 혹은 환급해 주지는 않는다. 부가가치세 신고기간은 1기(상반기 6개월)는 7월 1일부터 25일 사이이며, 2기(하반기 6개월)는 다음 해 1월 1일부터 25일까지 이다.

개인사업자 중에 간이과세자와 일반과세자가 있다. 일반과세자는 부가가치세 환급대상 차량이라면 해당 부가가치세 전체가 환급대상이 되나, 간이과세자의 경우는 일부만 공제대상 금액이 된다. 간이과세자는 신규사업자가 신청하거나 직전 연도 부가가치세 포함한 매출이 4,800만 원 미만인 개인사업자이다. 간이과세자라면 업종에 따라 부가가치세의 공제대상 금액이 달라진다.

예들 들어 음식업종이고 자동차를 구매하고 3백만 원의 부가가치세를 지급한 경우 해당 차량이 공제대상이라면 일반과세자는 3백만 원 전체가 공제나 환급대상이 된다. 하지만 간이과세자는 10%인 30만 원이 공제금액이 된다. 참고로 간이과세자는 환급이란 표현은 쓰지 않는다. 즉 내야 할 부가가치세 범위 내에서만 공제해 준다.

간이과세자의 업종	해당 부가가치세 중 공제금액
전기·가스·증기 및 수도사업	5%
소매업, 재생용 재료수집 및 판매업, 음식점업	10%
제조업, 농·임·어업, 숙박업, 운수 및 통신업	20%
건설업, 부동산임대업, 그 밖의 서비스업	30%

법인의 경우, 상반기 6개월 하반기 6개월 사이에 부가가치세 예정신고기간이 있다. 상반기 예정신고기간은 4월 1일부터 25일 사이이며, 하반기 예정신고기간은 10월 1일부터 25일 사이이다. 법인이라면 예정신고기간에도 부가가치세 신고를 통해 차량 관련 부가가치세 환급이나 공제를 받을 수 있다.

조기환급이라는 제도를 통해 법인이나 일반과세자인 개인사업자가 좀 더 빨리 자동차 취득 시 지급한 부가가치세를 환급받는 방법이 있다. 자동차를 취득하는 경우 취득한 달의 다음 달 25일까지 부가가치세 신고를 하면 25일부터 20일 이내에 취득 시 지급한 부가가치세를 환급받을 수 있다. 이에 대한 자세한 내용은 담당 세무사에게 의뢰하면 된다.

만약 부가가치세 신고기간을 놓쳐 환급신청을 하지 못한 경우라면 경정청구라는 방법을 통해 사후라도 환급이 가능하다. 단, 원래 신고해야 할 부가가치세 신고기간이 지난 후 5년 이내에는 청구해야 한다.

(4) 사업자등록증을 발급받기 전의 자동차 관련 부가가치세는 환급이 가능할까?

경우에 따라 사업자등록을 하기 전에 차량을 구매해서 사용하는 경우가 있다. 이 경우 부가가치세 환급을 받으려면 차량의 구매와 사용에 관한 비용을 대표의 신용카드 등(신용카드, 직불카드, 현금영수증)으로 결제하거나 세금계산서를 개인사업자 혹은 법인의 사업자번호 대신에 대표의 주민등록번호로 발급받으면 환급이 가능하다. 반드시 해당 구매와 사용이 속한 과세기간이 지난 후 20일 이내에는 사업자등록을 세무서에 해야 환급할 수 있다.

부가가치세에서는 1과세기간이 6개월 단위이다. 1월 1일부터 6월 30일까지를 1기라 하고 7월 1일부터 12월 31일까지를 2기라 한다. 예를 들어 만약 5월 1일에 차량을 구매하고 대표의 주민등록번호로 세금계산서를 발급받거나, 신용카드 등으로 결제한 경우 반드시 7월 20일까지는 사업자등록을 해야 해당 부가가치세 환급이 가능하다.

(5) 부가가치세 환급을 못 받은 경우 받을 수 있는 비용 혜택은 무엇인가?

부가가치세 환급을 받지 못하는 경우 해당 부가가치세는 자동차의 취득가에 포함해 감가상각하거나 비용처리할 수 있다. 종합소득세나 법인세 신고 시 비용으로 인정은 받을 수 있다는 의미이다. 예를 들어 업무용 5인승 승용자동차 구매 시 부가가치세 3백만 원 포함해 3,300만 원을 지급했다면, 해당 3백만 원은 부가가치세 환급대상이 될 수는 없다. 이때 3백만 원은 차량의 취득가에 포함해 감가상각으로 향후에 비용처리 된다. 이경우 차량의 취득금액은 3,300만 원이 된다. 만약 9인

이상 승용차로서 부가가치세가 환급됐다면 차량의 취득금액은 3천만 원이 될 것이다.

업무용 5인승 승용차를 부가세 포함해 월 55만 원을 지급하고 렌트한 경우 해당 렌트비에 따른 부가가치세가 환급되지 않지만, 부가가치세 포함 연간 660만 원을 종합소득세나 법인세 신고 시 반영되는 비용으로 보면 된다. 물론 연간 세무상한도는 8백만 원이다. 660만 원은 한도에 못미치기 때문에 전액을 세무상 비용으로 처리 가능하다.

9인승 미만 업무용 승용차가 아닌 영업용이나 승합차의 해당 해의 감가상각비, 렌트비와 리스비는 전액 그해에 비용처리 가능하지만 9인승 미만 업무용 승용차의 경우 감가상각비, 리스비, 렌트비로 인정되는 세법상 연간 한도가 8백만 원임을 이미 살펴보았다. 비용인정은 되나 연간 한도를 초과하는 금액이 있다면 이월되어 이후에 비용처리된다.

(6) 사업자가 폐업하는 경우 환급받은 차량 관련 부가가치세는 어떻게 되는가?

법인 혹은 개인사업자가 사업용으로 구매한 트럭을 1년 정도 사용 후 사업을 폐업했다면 어떻게 될까? 차량 구매 시 공제받은 부가가치세의 일부를 폐업 시 납부해야 한다. 자동차는 환급받은 후 2년이 지나면 폐업이 되어도 환급받은 부가가치세를 다시 납부할 의무가 없어진다.

부가가치세는 6개월 단위로 과세기간이 결정된다. 6개월당 25%씩 재납부 의무가 사라진다고 생각하면 된다. 만약 2018년 5월에 트럭을 구매하고 2백만 원의 부가가치세를 환급이나 공제받은 후 2019년 3월에 폐업했다면 폐업 시 트럭 관련해 재납부할 부가가치세는 2백만 원의 50%인 1백만 원이 된다. 만 1년이 안 됐지만 부가가치세 2과세기간이 지난 것으로 본다. 즉 1월부터 6월까지 중 5월에 구매했기 때문에 6월까지는 1개월이 안 된다. 하지만 처음 구매 시는 부가가치세 신고기간까지 6개월이 안 돼도 1과세기간인 6개월이 지난 것으로 인정해 준다. 하지만 2019년 3월에 폐업해서 2019년에 6개월이 안 지난 경우 아예 계산하지 않는다. 즉 5월부터 6월까지는 1과세기간, 7월부터 12개월까지를 또 1과세기간으로 보아 2과세기간이 지난 것으로 간주해 50%에 대한 부가가치세 재납부 의무가 없어진다.

영업사원이 차량을 판매 시 사업자의 폐업까지 고민할 필요는 없다. 정확한 세무처리는 세무대리인이 할 일이기 때문이다. 하지만 사업자들이 부가가치세 환급받은 금액을 재납부한다고 했을 때 의미하는 바가 무엇인지 이해하고 고객과 대화할 수 있다면 영업사원에 대한 신뢰감은 증가할 것이다.

12. 자동차의 양도·증여·상속에 따른 세금은 무엇인가?

자동차를 양수·양도하거나 증여·상속받는 경우 무슨 세금이 있느냐고 반문할지 모른다. 하지만 엄연히 관련세금이 있으며 납부하지 않으면 불이익이 발생할 수 있다. 이에 관련해 살펴보고자 한다.

(1) 자동차를 양수·양도한 경우 어떤 세금을 내는가?

자동차를 양수·양도하는 경우 양도세 대상이 되지 않는다. 양도세는 부동산, 분양권 및 주식 등에 부과되는 것으로 자동차 양수·양도와는 관련이 없다.

자동차를 양도받은 사람은 자동차등록을 하는 경우 취득세를 납부해야 한다. 이미 설명한 바와 같이 각 차종에 따라 취득세율은 달라진다. 또한, 그때 취득세의 기준금액인 과세표준액은 양도 시 지급한 금액과 시가표준액 중 큰 금액으로 생각하면 된다.

(2) 자동차 증여 및 상속이 과세 대상이 되는가?

증여란 살아있는 부모, 친척 혹은 타인으로부터 무료로 차량을 받는 것을 말한다. 상속이란 부모나 조부모가 사망함으로 인해 관련 자산의 권리가 상속인에게 이전되는 것이다. 차량이 증여 혹은 상속되는 경우 모두 과세대상이 된다.

(3) 자동차 증여세와 상속세는 누가 내는가?

차량을 증여나 혹은 상속받는 경우 받는 사람이 납세 의무가 있다. 증여는 받는 사람이 확실하기 때문에 그 사람이 증여세를 내면 된다. 하지만 상속세는 연대납세의무가 있다. 3형제가 있고 형이 자동차를 상속받았다면 형이 상속세를 납부해야 한다. 하지만 형이 납부하지 않으면 동생들이 납부의무를 지게 된다.

실제 증여를 받는 경우 증여세를 신고하지 않는 경우가 많다. 증여는 부모로부터 받는 경우 만 19세 이상은 10년간 증여받은 금액을 합하여 총 5,000만 원까지 공제가 된다. 즉 5,000만 원까지 증여세를 납부할 의무가 없다는 것이다. 고가의 차량을 제외한다면 증여시점의 자동차 시가표준액이 공제금액 한도 이내이기 때문에 신고 시에도 납부할 세금이 없거나, 실제 신고를 하지 않은 경우에도 세무서에서 추징할 증여세가 없어서 연락이 오지 않는 경우가 대부분이다.

하지만, 기존 10년 안에 이미 4천만 원을 현금이나 부동산으로 증여받았고, 자동차 시가표준액이 3천만 원이라면 두 금액 합에서 5천만 원을 뺀 2천만 원은 증여세 과세대상이 된다. 즉, 2천만 원에 대해서는 증여세를 내야 한다는 것이다. 1억까지 증여세율은 10%이므로 이 경우 증여세는 2백만 원이 된다.

상속된 경우도 마찬가지이다. 상속공제는 사망하신 분의 배우자가 생존하신 경우 10억까지, 배우자가 생존하지 않으면 5억까지는 기본적으로 공제해준다. 이 금액을 초과해 자동차를 포함한 상속재산이 있는 경우 자동차에 대해서도 상속세가 과세될 수 있다고 생각하면 된다.

(4) 자동차 상속 및 증여 시 취득세 과세표준은 무엇인가?

자동차를 상속이나 증여로 취득 시 취득세 기준금액인 과세표준은 해당 차량을 처분하고 재구매할 때 구매가격이 적용되나, 이 금액을 모르면 장부가액이 적용되고 장부가액을 모르는 경우 시가표준액으로 보면 된다. 하지만 장부가액이 시가표준액에 미달하는 경우는 시가표준액이 취득 시 과세표준이 된다. 실무적으로는 대부분 시가표준액이 취득세 과세표준이 된다고 생각하면 된다.

(5) 자동차 상속 및 증여 시 등록기한

증여로 취득 시는 증여받은 후 20일 이내, 상속받은 경우는 돌아가신 후 6개월 이내에 자동차 이전 등록을 해야 과태료가 없다.

13. 자동차를 취득하면 재산세가 증가하는가?

자동차를 취득하면 재산세가 증가하는지 물어보는 영업사원이 가끔 있다. 자동차는 중요한 재산 중 하나이기 때문에 재산세가 부과된다고 생각하는 경우가 있다. 재산세 부과대상은 토지, 건축물, 주택, 항공기 및 선박이다. 따라서 자동차는 재산세 대상이 되지 않는다. 즉 자동차를 취득해도 재산세에는 영향이 없다는 의미이다.

14. 자동차를 취득하면 건강보험료가 증가하는가?

자동차를 취득하면 건강보험료가 증가해 자동차 구매가 꺼려진다는 고객이 있을 수 있다. 어떤 경우에 건강보험료가 증가하는지 정확히 알고 고객과 상담 시 활용하면 고객의 구매결정을 도울 수 있다.

(1) 의료보험은 직장가입자와 지역가입자에 따라 달라진다.

4대보험은 국민연금, 건강보험, 고용보험 및 산재보험을 말한다. 자동차 취득 시 영향을 받을 수 있는 것은 건강보험이다.

건강보험은 직장가입자와 지역가입자로 구분이 된다. 만약 법인의 대표라면 직장가입자가 된다. 개인사업자인 경우 건강보험이 적용되는 직원이 한 명이라도 있게 된다면 직장가입자가 된다. 만약 개인사업자이면서 건강보험이 적용되는 직원이 없는 경우이거나 근로소득자가 아니라면 지역가입자가 된다.

직장가입자의 경우 소득금액에 따라 보험료가 부과되기 때문에 자동차 소유여부와 건강보험료는 무관하다. 즉, 법인의 대표가 법인명이 아닌 개인명으로 차를 구매하여도 건강보험료는 증가하지 않는다. 개인사업자로서 직장가입자인 경우 자동차를 구매해 사업용으로 사용하든, 개인적으로 사용하든 건강보험료 증가는 발생하지 않는다. 물론 자동차 취득금액이 1천만 원이든 1억 원이든 동일하다. 하지만 지역가입자가 자동차를 취득하게 되면 건강보험료가 증가하게 된다.

(2) 자동차 취득 시 건강보험료 증가와 무관한 자동차

지역가입자라 할지라도 다음과 같은 자동차를 취득하는 경우는 건강보험료가 증가하지 않는다.

① 법에 의한 국가유공자, 보훈보상대상자로서 상이판정을 받은 자가 취득하는 자동차
② 장애인복지법에 따라 등록한 장애인이 취득한 자동차
③ 지방자치단체의 조례에 따라 지방세가 감면되는 자동차(지방자치단체별로 확인 필요)
④ 「여객자동차 운수사업법」 또는 「화물자동차 운수사업법」에 따라 면

허(등록을 포함한다)를 받거나 「건설기계관리법」에 따라 건설기계대여업으로 등록하고 영업에 사용하는 자동차. 예를 들어 시내버스, 시외버스, 마을버스, 농어촌버스, 전세버스, 택시 사업에 이용하거나 렌터카 사업을 하는 경우 등의 자동차를 의미함

※ 차량리스를 하는 리스업체는 「여신전문금융업법」에 의해 허가를 받아야 하며, 법인인 경우만 가능하기 때문에 대표가 지역가입자가 될 수 없다.

(3) 지역가입자 건강보험료 산정방법

지역가입자 건강보험료는 3가지 평가요소를 통해 결정한다. 소득수준, 재산(토지, 주택, 건축물, 선박, 항공기, 전세/전월세) 및 자동차등급별 점수의 합에 2019년 기준 189.7.6원(약 190원)을 곱해 계산한다. 여기서는 '자동차 등급별 점수'만 알아보자.

※ 자동차등급별 점수(2019)

구 분			사용연수별[8] 적용률 및 결정 점수		
등급	자동차 종류 및 가격[9]	배기량 등	3년 미만	3년 이상 6년 미만	6년 이상 9년 미만
			100%	80%	60%
1	4천만원 이상 승용자동차	800cc 이하	18	14	11
2	4천만원 이상 그 밖의 승용자동차[10]	모든 차량	20	16	12
3	4천만원 이상 승용자동차	800cc 초과 1,000cc 이하	28	23	17
	4천만원 이상 그 밖의 승용자동차	모든 차량			
4	4천만원 이상 승용자동차	1,000cc 초과 1,600cc 이하	59	47	35
5	4천만원 미만 승용자동차	1,600cc 초과 2,000cc 이하	79	63	48
6	4천만원 이상 승용자동차		113	90	68
7	4천만원 미만 승용자동차	2,000cc 초과 2,500cc 이하	109	87	65
8	4천만원 이상 승용자동차		155	124	93
9	4천만원 미만 승용자동차	2,500cc 초과 3,000cc 이하	130	104	78
10	4천만원 이상 승용자동차		186	149	111
11	승용자동차	3,000cc 초과	217	173	130

'자동차등급별 점수'에서는 1,999cc 승용자동차를 신규 취득했다면 점수는 113이 된다.

---

8   사용연수는 자동차 최초등록일부터 월 단위로 계산하여 적용한다.

9   자동차 가격은 지방세법에 따른 과세표준에 같은 법 시행령에 따른 차량의 경과연수별 잔존가치율을 고려하여 보건복지부장관이 고시한 비율을 적용하여 산정된 금액을 말한다.

10 10인승 이하의 승용자동차 중 전기, 태양열, 알코올을 이용하는 자동차를 의미한다.

(4) 지역가입자가 취득한 자동차의 건강보험료 비교해 보기

자동차 가격과 배기량 별로 취득했을 때 증가하는 건강보험료는 아래와 같이 계산할 수 있다. '소득등급별 점수'와 '재산등급별 점수'는 자동차를 취득하든 하지 않든 동일하기 때문에 여기서는 자동차 취득만 고려하였다.

취득하는 자동차의 배기량과 금액에 따라 지역건강보험료는 영향을 받게 된다. 승용자동차의 배기량이 1,999cc, 2,359cc, 2,999cc인 경우 각각의 건강보험료 증가를 비교해 보면 다음과 같다.

(단위: 원)

자동차 종류 및 가격	배기량	차량별 등급별 점수	증가되는 월 건강보험료	증가되는 월 장기요양보험료 (월 건강보험료× 8.51%)	총 증가되는 월 보험료 (건강보험료+ 장기요양보험료)	총 증가되는 년간 보험료 (총 증가하는 월 보험료×12개월)
4천만원 미만 승용자동차	1,999cc	79	14,986	1,275	16,262	195,140
4천만원 이상 승용자동차		113	21,436	1,824	23,260	279,124
4천만원 미만 승용자동차	2,359cc	109	20,677	1,760	22,437	269,243
4천만원 이상 승용자동차		155	29,404	2,502	31,906	382,869
4천만원 미만 승용자동차	2,999cc	130	24,661	2,099	26,760	321,116
4천만원 이상 승용자동차		186	35,284	3,003	38,287	459,443

신규 차량 취득 후 지역가입자의 건강보험료 등 차이를 비교해 보면, 1,999cc 업무용 승용자동차를 취득하는 경우 차량 금액에 따라 연간 195,140 또는 279,124원이 증가하고, 2,359cc는 269,243원 또는 382,869원이 증가하며, 2,999cc는 321,116원 또는 459,443원이 증가하는 것을 알 수 있다.

승용자동차가 아닌 경우의 건강보험료 증가에 대해서도 생각해보자. 승용자동차가 아닌 승합차나 트럭은 차량 등급별 점수 산정 시 포함되지 않는다. 즉 승합차나 트럭 취득 시 지역가입자의 건강보험은 증가하지 않는다고 생각하면 된다.

결론적으로, 고객과 상담 시 먼저 파악할 사항은 고객이 직장가입자인지 지역가입자인지이다. 직장가입자는 자동차 취득과 건강보험료 증가는 무관하다. 지역가입자인 경우 위에서 계산한 것과 같이 건강보험료가 증가할 수 있다. 지역가입자인 경우라도 차량 취득금액과 배기량에 따라 건강보험료에 차이가 있을 수 있으며, 고객이 예상한 증가액보다 적을 수도 있다. 증가하는 건강보험료에 대해서는 고가의 차량을 취득하는 고객일수록 민감하게 느끼는 정도가 작아질 것이다. 이런 점들을 종합적으로 고려해 고객과 상담하면 된다.

(5) 자동차를 취득하면 건강보험 피부양자 자격이 박탈되는가?

아들이 부모의 피부양자이거나 부모가 아들의 피부양자인 경우가 있다. 피부양자는 따로 건강보험료 부담 없이 혜택을 받을 수 있다. 만약 피부양자인 아들이나 부모가 자동차를 구매하게 되면 피부양자 자격이 박탈되는가? 피부양자 유지조건은 다음과 같다.

- 건강보험 피부양자 유지를 위한 피부양자의 재산 조건
  - 재산세 과세표준의 합이 5억4천만 원 이하일 것
  - 재산세 과세표준의 합이 5억4천만 원 초과 9억 원 이하인 경우는 연간 소득이 1천만 원 이하일 것
  - 피부양자가 형제·자매인 경우는 재산세 과세표준의 합이 1억8천만 원 이하일 것
  - 지방세법 110조에 따른 재산은 토지, 건축물, 주택, 선박 및 항공기만 해당함

위 조건을 보면 피부양자 유지조건에 자동차 관련 조건은 없다. 즉

자동차를 신규 취득한다고 해서 건강보험료 피부양자에서 탈락되지는 않는다는 것이다.

15. 중고자동차 처분에 따른 세금문제는 무엇인가?

영업사원이 고객의 중고차를 처분대행하는 경우 고객에게 어떤 세금이 발생할 수 있을까? 고객이 가끔 질문하는 내용이지만 대답하기는 쉽지 않았을 것이다. 이에 대해 알아보자.

(1) 사업자가 아닌 개인이 차량을 처분하는 경우 무엇을 주의해야 하는가?

개인 간 매매 시 세금문제는 없다. 부가가치세는 사업목적으로 거래 시에 발생하는데 개인 간에 중고차를 사고파는 것이 사업성이 없다면 부가가치세 과세대상은 아니다. 또한, 근로소득자와 같이 사업자가 아닌 경우는 중고차 거래에 따른 손익이 과세대상소득에 포함되지 않기 때문에 종합소득세 과세대상이 되지 않는다. 단, 개인으로부터 직접 사는 경우 개인으로부터 세금계산서, 신용카드영수증 혹은 현금영수증을 받지 못한다. 양수하는 개인사업자는 신규자동차등록증을 통해 비용처리 가능하지만, 법인은 신규 차량등록증과 더불어 양수도계약서와 통장거래내역 등으로 구매내역을 확인해야 차량 양수를 통한 감가상각비 비용처리에 문제가 없다. 법인이 차량구매 시 더 까다롭게 관련 거래내역과 서류 등을 챙겨야 한다고 생각하면 된다.

(2) 사업자가 차량을 중간에 처분하는 경우 부가가치세는 어떻게 되는가?

① 사업용으로 사용한 경우

부가가치세 공제나 환급을 받았든 아니든 과세사업자가 사업용으로 사용한 업무용 승용차, 영업용 승용차, 트럭 혹은 승합차를 사업자가 중간에 처분하게 되면 해당 처분금액에 대해 세금계산서를 발행해주고 부가가치세를 받아서 납부해야 한다. 만약 금융, 교육, 채소, 정육 등 면세업을 하는 사업자가 사업용으로 사용하다 처분한 경우는 면세사업자이기 때문에 세금계산서가 아닌 계산서를 발급해 줘야 한다. 이 경우 면세사업자이기 때문에 차량 판매에 대한 부가가치세 납부는 필요 없지만, 부가가치세 신고 시 반영해 신고는 해야 한다.

만약, 5인승 업무용 승용차라면 구매 시 부가가치세를 환급받지 못한다. 하지만 과세사업자가 사업에 사용하고 감가상각비 등을 통해 비용처리했다면, 중고차업자에게 판매하든 개인에게 판매하든 부가가치세를 납부해야 한다. 즉 판매가 부가가치세 제외하고 1천만 원이면 1백만 원을 부가가치세로 납부해야 한다. 이 경우 납부할 부가가치세 1백만 원은 중고차업자나 개인으로부터 받아서 납부하는 것이다. 중고차를 판 사업자는 세금계산서나 현금영수증을 발행해 주거나 신용카드 단말기를 통해 매출해야 한다.

법인명으로 구매한 경우도 동일한 원칙이 적용된다. 법인용으로 구매하고 사업적으로 사용하지 않았다고 보기는 어렵기 때문에 법인용은 모두 사업용이며 매각 시 부가가치세를 납부한다고 보면 된다. 이 경우 매각 시 세금계산서나 현금영수증을 발급해 주거나 신용카드 단말기로 결제해 주고 부가가치세를 매수자로부터 받아서 납부하면 된다. 참고로 법인은 개인사업자와 달리 업종에 따라 면세사업자와 과세사업자로 사업자등록증에 구분하지 않으나 중고차 판매 시는 과세사업자라고 생각하면 이해가 쉽다.

② 사업용으로 사용하지 않은 경우

개인사업자가 본인명의로 차량을 구매한 후 사업용으로 비용처리하지 않고, 재무상태표에도 해당 차량 관련 사항이 없다면 매각 시 부가가치세를 매수자로부터 받아서 납부할 필요가 없다. 이 경우 세금계산서 발급의무도 없어진다.

중고차매매업자가 차량을 매수하는 경우 비사업용이라는 확인서를 요구하는 경우가 있다. 이 경우 담당 세무사에게 확인서를 요청하면 된다. 만약 담당 세무사가 없다면 종합소득세 신고 시 작성된 재무상태표와 손익계산서를 제출해 주면 된다.

(3) 법인 및 개인사업자의 차량 매매 시 법인세와 종합소득세는 어떻게 되는가?

법인이나 개인사업자가 취득한 차량을 사용하다가 중고차로 파는 경우 부가가치세와 법인세를 내야 한다. 개인과 중고매매 사업자에게 판매하는 경우 모두 다 세금계산서를 발급해 주는 것이 원칙이다. 개인에게 세금계산서를 발급 시 사업자등록번호가 없기 때문에 상대방의 주민등록번호로 세금계산서를 발급할 수 있다.

차량 판매 시 발생하는 처분손실과 이익을 반영해야 한다. 2018년부터 적용되는 세법기준으로 보면 차량의 장부가액이 3천만 원인 경우 4천만 원에 팔았다면 1천만 원을 법인이나 개인사업자의 이익으로 세금을 내야 한다. 위와 같이 처분이익이 발생한 경우는 업무용이든 영업용이든 모두 그해의 이익으로 과세된다.

만약 처분손실이 발생한 경우는 9인승 미만 업무용 승용차인 경우와 아닌 경우의 처리가 달라진다. 9인승 미만 업무용 승용차를 1천만원에 판매했다면 차량판매 손실 2천만 원을 그해의 비용으로 처리하는 것이 아니라 그해에 8백만 원, 그다음 해에 8백만 원, 그다음 다음 해에 4백만 원을 비용처리해야 한다. 즉, 연간 처분손실 비용처리 한도가 8백만 원이라는 의미이다. 9인승 미만 업무용 승용차가 아닌 트럭 등의 자동차를 판매해 발생한 손실은 한도 없이 모두 그해의 비용으로 처리할 수 있다.

단, 개인사업자가 2017년도 소득에 대해 세금을 계산하는 경우에 한해 처분이익과 손실에 대해 9인승 미만 업무용 승용차는 법인과 같은 방식으로 계산하고 9인승 미만 업무용 승용차가 아닌 경우는 처분이익과 처분손실 모두 반영하지 않는다. 반영하지 않는다는 의미는 처분이익과 처분손실이 없는 것처럼 생각하면 된다는 의미이다.

(4) 운용리스 차량이나 금융리스 차량을 계약종료 후 취득해 판매하는 경우는 어떻게 되는가?

리스 차량을 계약기간 종료 후 보증금 환급 대신 취득하여 사용하다

판매하는 경우 판매 시 부가가치세를 납부해야 한다. 중고차를 취득해서 판매한 것이 되기 때문이다.

위에서 설명한 것처럼 차량처분 손익에 대해 2018년부터는 9인승 미만 업무용 승용차이든 아니든 법인세와 개인종합소득세 신고 시 이익이나 손실로 반영해야 한다. 단, 2017년도분 세금계산에 한해 9인승 미만 업무용 승용차가 아닌 9인승 이상 승용차, 영업용 승용차나 트럭 등의 처분 손익은 법인세의 대상은 되나 개인사업자의 종합소득세 신고 시 고려 대상은 되지 않는다.

(5) 금융리스 차량을 중도에 승계하는 경우는 어떻게 되는가?

① 승계하는 리스자산에 대한 세무

금융리스는 약정기간이 종결되면 취득하기로 계약되어 있는 경우가 대부분이다. 하지만 중간에 리스업체의 승인을 받고 승계하는 경우에 기존사용자인 법인이나 개인은 승계취득하는 법인, 개인사업자 혹은 개인에게 승계하는 금액에 대해 세금계산서를 발급해 줘야 한다.[11] 금융리스는 사용하는 회사의 자산으로 인식되기 때문이다.

② 승계 시 발생하는 이익에 대한 세무

중도 승계나 완납 승계 시 이익이 발생한 경우 그 이익에 대해서도 부가가치세가 과세된다. 이 경우 발생한 이익에 대해 금융리스 사용고객인 개인사업자나 법인은 해당 이익에 대해 승계받는 개인, 개인사업자

---

11 국세청 예규: 사업자가 여신전문금융업법에 의하여 등록한 시설대여회사로부터 리스자산을 금융리스로 인도받아 사용하다가 시설대여회사의 동의를 얻어 새로운 리스이용자에게 당해 리스자산을 넘겨주는 것은 자산의 양도로서 부가가치세법 제6조의 규정에 따라 부가가치세가 과세되며 리스이용자는 새로운 리스 이용자에게 세금계산서를 교부하여야 한다.

혹은 법인에 세금계산서를 발급해 줘야 한다. 또한 자동차 처분 손익과 성격이 같기 때문에 2018년부터는 위에서 설명한 방식대로 법인과 개인사업자 모두 이익에 대해서 법인세나 종합소득세를 납부하거나 손실에 대해 연간 8백만 원 한도로 비용인정을 받을 수 있다.

(6) 운용리스 차량을 중도에 승계하는 경우는 어떻게 되는가?

① 승계하는 운용리스에 대한 세무

운용리스의 경우 회사의 자산이 아니라 임차한 것이므로 중도 승계하는 경우 부가가치세 과세대상이 아니다. 즉 기존에 사용하던 사업자는 승계하는 법인, 개인사업자 혹은 개인에게 세금계산서나 현금영수증 등을 발급할 필요가 없다.

② 승계 시 발생하는 이익에 대한 세무

운용리스 중도 승계나 완납 승계 시 이익이 발생한다면 이 이익은 차량처분이익이 아닌 잡이익 등의 영업외이익으로 볼 수 있다. 이 경우 이익에 대해 부가가치세가 과세되고 이 이익 부분은 세금계산서나 현금영수증 등을 발급해 줘야 한다. 물론 이 운용리스 승계 시 이익은 법인세나 종합소득세의 과세대상이기도 하다.

만약 운용리스 승계이익이 1백만 원 발생했다면 부가가치세 10만 원을 합쳐 110만 원을 받고 인수받는 사업자나 개인에게 세금계산서나 현금영수증을 발급해야 한다는 의미이다. 부가가치세 10만 원은 부가가치세 신고 시 납부하고 1백만 원은 법인세나 개인종합소득세 신고 시 영업 외 이익으로 포함해 신고하면 된다. 영업외이익이란 해당 사업체의 주된 영업활동이 아닌 곳에서 발생한 이익이라는 의미이다. 영업외이익도 이익의 한 종류로 생각하면 된다.

16. 중고자동차 매매업의 세무문제는 무엇인가?

중고차 매매업에 대해서는 다양한 세금혜택을 주고 있다. 이에 관한 내용은 다음과 같다.

1) 매매용 및 수출용 중고자동차에 대한 취득세와 자동차세 감면이 가능하다.

매매용 및 수출용 중고자동차는 취득한 차량을 운행할 목적이 아닌 상품으로 판매할 목적이다. 따라서 상품 성격인 중고자동차에 대해 취득세와 자동차세를 감면해 주고 있다.

(1) 매매용 중고자동차

① 감면혜택의 내용

취득세와 자동차세를 2021년 12월 31일까지 면제한다. 하지만 감면 특례 제한 조항에 따라 취득세가 200만 원 이하인 경우는 전액 면제하나, 200만 원을 초과하는 경우는 해당 취득세의 85%를 감면하고 15%는 납부해야 한다. 이 경우 자동차세는 특정요건에 해당하는 중고차 매매 사업자의 명의로 등록된 기간에 한정하여 면제한다.

② 감면혜택 대상자

◆ 「자동차 관리법」 제53조에 따라 자동차매매업을 등록한 자이며, 「자동차 관리법」 제53조는 자동차매매업 영업허가를 받기 위한 조건을 규정하고 있다.

◆ 「건설기계관리법」 제21조 제1항에 따라 건설기계매매업을 등록한 자이며, 「건설기계관리법」 제21조 제1항은 건설기계매매업 영업허가를 받기 위한 조건을 규정하고 있다.

(2) 수출용 중고자동차

① 감면혜택의 내용

「대외무역법」에 따른 무역을 하는 자가 수출용으로 취득하는 중고자동차는 2021년 12월 31일까지 취득세를 면제한다. 다만 이 때도 취득세가 200만 원 이하인 경우는 전액 면제하나, 200만 원을 초과하는 경우는 해당 취득세의 85%를 감면하고 15%는 납부해야 한다.

(3) 주의할 사항

중고차 매매업자 혹은 수출업자가 취득한 중고자동차를 취득일로부터 2년 이내에 매각하거나 수출하지 않으면 감면된 취득세를 추징하므로 주의해야 한다. 또한, 취득세 감면을 위해서는 취득 후 60일 이내에, 자동차세 감면을 위해서는 과세기준일로부터 10일 이내에 관할 지자체에 신청해야 한다.

2) 부가가치세 매입세액공제가 가능하다.

중고차 매매업자가 중고차를 매입하면서 전 차주에게 중고차 금액과 더불어 부가가치세를 지급했다면 부가가치세 환급대상 차량인지에 관계없이 매입세액공제를 받을 수 있다. 중고차 매매업자가 매입하는 자동차는 운행목적이 아닌 팔기 위한 상품이기 때문이다. 단, 적격증빙인 세금계산서, 현금영수증 또는 신용카드로 매입했을 때 가능하다. 부가가치세 매입세액을 공제받는 경우 부가가치세 신고를 반드시 해야 한다. 부가가치세 신고기간(상반기는 7월 25일까지 신고, 하반기는 다음해 1월 25일까지 신고)에 신고하여 공제나 환급을 받아야 하나 만약 이 기간이 지나 매입세액을 환급받으려면 환급신청서를 세무서에 별도로 제출해 환급받아야 한다.

3) 부가가치세 의제매입세액공제로 혜택을 주고 있다.

중고자동차 매매업자가 세금계산서를 발급할 수 없는 면세사업자, 간이과세자 및 비사업자인 개인으로부터 2018년 12월 31일까지(기간은 향후 연장 가능함) 중고차를 취득하여 제조, 가공하거나 이를 되파는 경우 취득금액에 10/110 (2017년도분 세금계산 시는 9/109)을 곱한 금액만큼 매출세액에서 매입세액을 공제해준다. 이것을 중고자동차 부가가치세 의제매입세액공제라 한다.

중고자동차에 대해 의제매입세액을 공제받을 수 있는 사업자는 다음과 같다.

① 「자동차 관리법」에 따라 자동차매매업 등록을 한 자

② 중고자동차를 수출하는 자

예를 들어 중고차 매매업자가 면세사업자나 비사업자로부터 매입한 자동차의 총취득금액이 11억 원인 경우 공제받을 수 있는 의제매입세액공제금액은 11억 원×10/110인 1억 원 이 된다. 의제매입세액공제는 면세사업자, 간이과세자 및 비과세자에게 차량을 매입 시 중고차 매매업자에게는 부가가치세 부담 없이 매입세액을 공제받을 수 있는 혜택을 주는 것이다. 이 경우 거래를 증명할 수 있는 계산서, 통장내역, 영수증 등을 갖추고 있어야 한다.

4) 개인사업자로부터 자동차를 매입 시 중고차매매업자가 주의할 사항은 무엇인가?

보통 중고차 매매 사업자가 법인에서 자동차를 매입 시는 세금계산서를 잘 받고 있다. 하지만 개인사업자와의 거래 시 실수하는 경우가 있다. 개인사업자로부터 차를 매입하는 경우 흔히 하는 실수가 아무런 적격증빙 없이 차를 매입해 법인세나 종합소득세 신고 시 매입으로 인정받지 못하거나 적격증빙 불비가산세(거래금액의 2%) 대상이 되는 것이다. 더불어 적격증빙이 없으면 당연히 부가가치세 매입세액공제는 받을 수 없다.

개인사업자에게 매입 시 판매한 사업자가 과세사업자라면 세금계산서를 면세사업자라면 계산서를 발급받는 것이 원칙이다. 면세사업자에

게 계산서를 받고 중고차를 구매하는 경우 판매한 사업자는 납부할 부가가치세가 없지만 구매한 중고매매업자는 위에서 설명한 것처럼 의제매입세액공제라는 제도를 통해 부가가치세를 공제받을 수 있다. 과세사업자에게 중고차를 산 경우, 판매한 사업자는 부가가치세 납부의무가 있고, 중고매매업자는 부가가치세 공제나 환급이 가능하다.

만약 판매한 개인사업자가 차를 취득해 사업용으로 사용한 것이 아니라면 중고차 매매업자는 이에 대한 증빙을 갖추고 있어야 한다. 이런 차량은 사업자가 아닌 개인이 중고차를 파는 것과 동일하기 때문에 부가가치세 과세대상이 되지 않고 세금계산서 등을 발급받지 않아도 된다. 취득 시 사업자의 재무상태표와 손익계산서 및 담당 세무사의 확인서를 확보해 해당 차량에 관한 비용처리나 자산처리가 되어 있지 않음을 확인해야 한다. 세무사의 확인서가 어렵다면 재무상태표와 손익계산서라도 반드시 확보해야 한다. 재무상태표와 더불어 고정자산관리대장을 받을 수 있으면 좋을 것이다. 고정자산관리대장에는 현금이나 할부로 구매한 개별 자산의 감가상각 내역 등이 표시되기 때문이다. 매입 당시 담당 세무사에게 관련자료를 요청해야 한다. 해당 판매시점을 놓쳐버리면 관련자료를 확보하기 힘든 경우가 많으므로 반드시 거래상담 시에 자료를 받아야 한다.

사업자가 아닌 개인(근로소득자 포함)으로부터 매입할 때도 반드시 통장을 통해 거래하고 영수증 등 거래에 대한 증거를 확보해야 매입을 인정받을 수 있다. 사업자가 아닌 개인과의 거래인 경우 판매한 개인은 적격증빙인 세금계산서나, 신용카드영수증, 현금영수증을 발급하지 못하므로 중고차 매매업자의 매입에 대해 적격증빙 불비가산세 대상은 되지 않는다.

5) 중고자동차 매입 시 세금계산서(계산서) 관련해 생각해 볼 몇 가지 사항

중고자동차 매입 시 세금계산서나 계산서가 중요하다는 것은 이미 위에서 설명하였다. 구체적으로 몇 가지 사례를 통해 좀 더 살펴보면 다음과 같다.

① 사업용자산으로 자동차를 비용처리하고 이전 사업체를 폐업한 개인사업자인 경우 현재 사업체로 세금계산서를 받아야 할까?

이전 사업체에서 비용처리하고 폐업을 한 경우, 폐업한 순간 해당 자산은 다시 사업용이 아닌 개인 자산이 될 것이다. 따라서 다시 시작한 현재의 새로운 사업체에서 해당 자동차를 비용처리하고 있지 않다면 개인적으로 양도한 자동차에 대해 세금계산서를 받을 필요는 없을 것이다.

② 폐업한 법인이지만 아직 청산완료 되지 않은 법인의 자동차 매입 시 세금계산서(계산서)를 받을 수 있을까?

세무서에 법인이 폐업신고를 하면 사업자등록증은 없어지게 된다. 하지만 법인은 법인격으로 법인등기부등본에 기록되어 있기 때문에 법원에 청산등기가 되어야 비로써 법률상 법인이 사라지는 것이다.

세금계산서나 계산서는 법인등기부등본을 전제로 하는 것이 아니라

사업자등록을 전제로 하는 것이다. 따라서 사업자등록을 없애는 세무상 폐업이 완료되었다면 해당 업체로부터는 세금계산서(계산서)를 더 이상 받을 수 없게 된다.

③ 과세와 면세사업에 공통으로 사용한 자동차는 세금계산서만 받으면 될까?

법인이나 일반과세자인 개인사업자가 해당 자동차를 과세사업과 면세사업에 공통으로 사용한 경우는 해당 양도 과세기간 매출의 과세공급가액과 면세공급가액의 비율에 따라 안분해서 계산서와 세금계산서를 받아야 한다. 만약 자동차 양도가액이 부가세 제외하고 1천만 원이고 수산물과 공산품 배송에 공통으로 사용한 경우 해당 법인이 자동차를 양도한 상반기에 수산물(면세) 도매 매출의 공급가액이 3억 원이고 공산물(과세) 도매 매출의 공급가액이 2억 원이라면 자동차 양도가액 1천만 원 중 6백만 해당 분은 계산서를, 4백만 원 해당 분은 세금계산서를 받아야 한다는 의미이다.

④ 계산서 대상 자동차 매입에 대해 세금계산서로 잘못 받은 경우 어떻게 해야 할까?

면세업에 사용하던 자동차를 매입한 경우 세금계산서가 아닌 계산서를 받아야 한다. 만약 잘못하여 계산서 대신 세금계산서를 받았다면 자동차 매입 시 양도한 사업자에게 준 부가가치세를 세무서로부터 환급받을 수가 없다. 따라서 이 경우는 매입한 업체에 세금계산서를 취소하고 계산서를 다시 발급해 달라고 요청하고 지급한 부가가치세는 반환받아야 할 것이다.

⑤ 이미 돈은 지급했는데 사업용자산인 자동차에 대해 세금계산서를 발급하지 못하겠다고 한다면 어떻게 해야 할까?

이미 자동차 양도인에게 부가가치세를 포함해 대금을 지급했음에도 세금계산서를 발급해 주지 않는다면 매입한 업체는 부가가치세를 환급받지 못해 곤란해질 수 있다. 이 경우는 세무서에 거래사실의 확인을 받고 매입자가 세금계산서를 발행할 수 있는 "매입자발행세금계산서 제도"를 이용해야 한다. 자동차를 매입한 시점이 속하는 과세기간 종료일로부터 6개월 이내에 세무서에 신청하면 매입자가 매도자를 대신해 세금계산서를 발행할 수 있다. 부가가치세 과세기간은 6개월 단위이기 때문에 만약 5월 1일에 매입했다면 6월 30일 이후 6개월 이내에 신청이 가능하다는 의미이다.

17. 사업체가 여럿인 경우
어느 사업체에 비용처리하는 것이 유리한가?

(1) 개인사업체를 두 개 이상 운영하는 경우 어디에 비용처리할 것인가?

개인사업자가 사업체를 여럿 가지고 있는 경우가 종종 있다. 고객은 어느 사업체에 자동차 관련 비용을 처리해야 하는지 궁금해한다. 정답은 어떤 사업에 비용처리해도 된다는 것이다. 왜냐하면 개인사업자는 어차피 소득금액이 합산되어 종합소득세를 계산하기 때문이다.

예를 들어 김강원 사장님의 '놀라운 통닭'사업의 과세표준은 5천만 원이고 '키덜트 드론몰' 사업의 과세표준은 8천만 원이라고 가정해 보자. 만약 '놀라운 통닭'에 1천만 원의 자동차 관련 경비가 추가되면 과세표준은 4천만 원이 되고 '놀라운 통닭'과 '키덜트 드론몰' 사업의 전체 과세표준은 1억 2천만 원이 된다. 반대로 '키덜트 드론몰' 사업에 1천만 원의 자동차 관련 경비가 추가되면 '키덜트 드론몰'의 과세표준은 7천만 원이 되고 '놀라운 통닭'과 '키덜트 드론몰' 사업의 전체 과세표준은 1억 2천만 원이 된다. 어떤 사업에 비용처리하든 결과는 동일하다.

이런 원리를 고객이 정확히 이해할 수 있다면 어떤 사업에 비용처리해도 좋다고 상담할 수 있다. 하지만 고객은 이런 내용을 이해하지 못할 가능성도 있다. 따라서 가장 쉬운 상담방법은 과세표준이 높은 사업에 비용처리하라고 조언해 주는 것이다. 좀 더 쉽게 설명하자면 매출에서 비용 빼고 더 많이 남는 사업에 경비처리하라고 상담해 주면 된다. 이렇게 말해주는 것이 직관적으로 이해하기 쉬울 것이다. 과세표준이 높다는 것은 이익이 많다는 의미로 생각해도 좋다.

(2) 일반사업과 임대사업을 같이 하는 경우 어디에 비용처리할 것인가?

일반사업이란 임대업 외의 사업이라 생각하면 된다. 임대업은 자동차 관련 비용처리 시 까다로울 수 있다. 예를 들어 4층짜리 건물에 1층은 옷가게, 2층은 사무실, 3층은 주택임대, 4층은 집주인이 산다고 생각해 보자. 그 외의 임대 건물은 없다고 하면 상가주인은 계단만 내려가면 세입자를 만날 수 있다. 굳이 자동차를 타고 세입자를 만나야 할 이유가 있을까? 물론 상가 관련 일을 처리하기 위해 자동차를 사용하는 경우가 있겠지만 많지는 않을 것이다. 이 경우 자동차 관련비용을 임대사업의 비용으로 처리한다면 인정받지 못할 가능성이 높다. 임대사업을 겸하는 경우 가능한 일반사업에 비용처리하도록 상담하자.

임대업이라고 항상 자동차 관련 비용처리를 할 수 없는 것은 아니다. 전국에 5개의 상가 및 오피스텔을 가지고 있는 사업자의 경우 사업목적으로 업무용 승용자동차를 사용했다고 볼 수 있다. 임대사업자는 자동차를 실제로 임대사업에 사용했는지가 더 중요하므로 각 경우를 잘 생각해 상담해야 한다.

임대사업을 하는 법인이 9인승 미만 업무용 승용차를 사용하는 경우 비용처리의 제약이 더 많아질 수 있다. 다음 3가지 요건을 모두 갖춘 임대법인이라면 연간 감가상각비, 리스비 및 렌트비의 비용처리 한도가 연간 8백만 원의 절반인 4백만 원이 되고, 처분손실에 대해서도 한도가 연간 4백만 원으로 줄어든다. 한도 금액을 넘어가는 감가상각비, 리스비 및 렌트비용이나 자동차 처분손실이 비용처리 가능하다 할지라도 그해 4백만 원을 넘어가는 금액은 이월되어야 한다. 차량운행일지를 작성하지 않은 경우에 연간 1천만 원 한도로 인정되는 총 자동차 관련 경비도 5백만 원으로 줄어들게 된다.

① 주식의 1% 이상을 가진 주주들의 친인척 등 특수관계자 주식을 모두 합했을 때 가장 많아지고 전체 주식의 50%를 초과하는 경우
② 부동산임대소득, 이자소득 및 배당소득의 합이 전체 매출의 70% 이상인 경우
③ 상시근로자 수가 5명 이하인 경우

임대법인 중 위의 3가지 조건을 갖춘 법인이 대부분일 것이다. 따라서, 임대사업을 하는 법인과 다른 법인 혹은 개인사업자가 있는 경우는 임대사업 법인 외의 사업자에 자동차 관련 비용처리를 하는 것이 유리할 것이다.

(3) 법인과 개인사업자가 함께 있는 경우 어디에 비용처리할 것인가?

법인과 개인사업자를 함께 운영하는 경우 어느 곳에 비용처리를 추천해 줄 것인가?

고객에게 이런 질문을 받은 경우가 있을 것이다. 실제로 저자도 영업사원에게 같은 질문을 받은 적이 있다. 상담 중인 고객이 법인과 개인사업자 중 어느 사업체에 자동차 관련 비용을 처리해야 더 절세되는지 궁금해한다는 것이다. 이런 경우 어떻게 상담하면 좋을지 생각해 보자.

법인과 개인사업자 모두 세금계산을 위한 기본은 매출에서 비용을 뺀 금액이다. 과세표준이 높을수록 세금이 많아지고 반대로 똑같은 비용을 반영해도 과세표준이 높을수록 절세금액도 커진다. 하나는 법인, 또 하나는 개인사업체이기 때문에 둘을 분리해서 생각해야 한다. 2천만 원의 자동차 관련 경비를 추가로 넣는 경우 법인과 개인사업체의 세 부담을 계산해 보자. 정확한 과세표준 계산을 위해 개인사업자의 종합소득공제는 5백만 원으로 가정한다.

아래의 경우는 법인세와 대표의 종합소득세(법인에서 받은 근로소득과 개인사업소득의 합을 통해 계산된 세금) 비교를 통해 자동차 관련비용을 넣기 전 세율이 높고 낮음에 따라 세금이 달라짐을 보여주기 위한 예시이다.

경우 1은 차량 관련 비용을 추가로 넣기 전에 '법인세 세율 〈 근로소득과 개인사업체 소득 합에 따른 종합소득세율'인 경우이며 경우 2는 차량 관련 비용을 추가로 넣기 전에 '법인세 세율 〉 근로소득과 개인사업체소득 합에 따른 종합소득세율'인 경우이다.

아래의 분석을 보면 차량 관련 비용을 추가로 넣기 전에 법인세 세율이 근로소득과 개인사업체 소득 합에 따른 종합소득세율보다 높다면 법인에 차량 관련 경비를 포함시키는 것이 세금 부담이 적어지고 그 반대인 경우는 개인사업체에 경비처리하는 것이 세금이 적어짐을 알 수 있다.

※ 법인세와 종합소득세에 적용되는 세율이 다른 경우 부담하는 세금 비교 (예시)

■ 경우 1-1: 법인에 자동차 관련 비용 2천만 원을 비용처리한 경우

구 분	법 인		개인사업체
	법인세	근로소득	사업소득
매출(총급여)	100,000,000원	50,000,000원	80,000,000원
비용 (근로소득은 근로 소득공제)	80,000,000원 (일반비용: 3천만 원, 대표 급여: 5천만 원)	12,250,000원	30,000,000원 (일반비용 3천만 원)
종합소득공제	N/A	5,000,000원	
자동차관련비용 차감 전 과세표준	20,000,000원 (세율: 10%)	87,750,000원(세율: 24%)	
자동차관련비용 반영 후 과세표준	0원(세율: 0%)	87,750,000원(세율: 24%)	
국세	0원	15,840,000원	
지방세 (국세의 10%)	0원	1,584,000원	
총부담세금	17,424,000원		

■ 경우 1-2: 개인사업체에 자동차 관련 비용 2천만 원을 비용처리한 경우

구 분	법 인		개인사업체
	법인세	근로소득	사업소득
매출(총급여)	100,000,000원	50,000,000원	80,000,000원
비용 (근로소득은 근로소득공제)	80,000,000원 (일반비용: 3천만 원, 대표 급여: 5천만 원)	12,250,000원	30,000,000원 (일반비용 3천만 원)
종합소득공제	N/A	5,000,000원	
자동차관련비용 차감 전 과세표준	20,000,000원 (세율: 10%)	82,750,000원(세율: 24%)	
자동차관련비용 반영 후 과세표준	20,000,000원 (세율: 10%)	62,750,000(세율: 24%)	
국세	2,000,000원	9,840,000원	
지방세 (국세의 10%)	200,000원	984,000원	
총부담세금	13,024,000원		

■ 경우 2-1: 법인에 자동차 관련 비용 2천만 원을 비용처리한 경우
  (개인사업체 매출을 1백만 원으로 가정함)

구 분	법 인		개인사업체
	법인세	근로소득	사업소득
매출(총급여)	100,000,000원	50,000,000	1,000,000원
비용 (근로소득은 근로소득공제)	80,000,000원 (일반비용: 3천만 원, 대표 급여: 5천만 원)	12,250,000원	30,000,000원 (일반비용 3천만 원)
종합소득공제	N/A	5,000,000원	
자동차관련비용 차감 전 과세표준	20,000,000원 (세율: 10%)	3,750,000원(세율: 6%)	
자동차관련비용 반영 후 과세표준	0원(세율: 0%)	3,750,000원(세율: 6%)	
국세	0원	225,000원	
지방세 (국세의 10%)	0원	22,500원	
총부담세금	247,500원		

- 경우 2-2: 개인사업체에 자동차 관련 비용 2천만 원을 비용처리한 경우
  (개인사업체 매출을 1백만 원으로 가정함)

구 분	법 인		개인사업체
	법인세	근로소득	사업소득
매출(총급여)	100,000,000원	50,000,000원	1,000,000원
비용 (근로소득은 근로소득공제)	80,000,000원 (일반비용: 3천만 원, 대표 급여: 5천만 원)	12,250,000원	30,000,000원 (일반비용 3천만 원)
종합소득공제	N/A	0원 (매출에서 모든 관련 비용을 뺀 금액이 -인 경우 종합소득공제는 적용되지 않음)	
자동차관련비용 차감 전 과세표준	20,000,000원 (세율: 10%)	3,750,000원(세율: 6%)	
자동차관련비용 반영 후 과세표준	20,000,000원 (세율: 10%)	-16,250,000(세율: 0%)	
국세	2,000,000원	0원	
지방세 (국세의 10%)	200,000원	0원	
총부담세금	2,200,000원		

상담 포인트: 법인과 개인사업자가 함께 있는 경우 비용처리 상담하기

구 분	차량 관련 비용을 추가하기 전 세율 비교	의사결정
경우1	법인세 세율 〈 근로소득과 개인사업체 소득 합에 따른 종합소득세율	개인사업체의 비용으로 처리
경우2	법인세 세율 〉 근로소득과 개인사업체 소득 합에 따른 종합소득세율	법인의 비용으로 처리
결론은 차량 관련 비용을 추가하기 전의 '법인세율'과 '근로소득과 개인사업체 소득을 합한 세율' 중 어떤 것이 높은지 비교해 높은 것에 자동차 관련 비용을 처리하는 것이 절세 측면에서 유리하다는 것이다.		

18. 한 사업자에 여러 대의 업무용 승용차를 비용처리 할 수 있을까?

하나의 법인 혹은 개인사업자가 업무용 승용차를 몇 대까지 비용처리 가능할까? 경우에 따라 달라질 수 있다. 만약 법인의 영업사원이 여럿이면 모두 업무용 승용차가 필요할 수 있다. 법인의 임원이 여럿인 경우도 업무용 승용차가 여러 대 필요할 것이다.

개인사업자 역시 여러 명의 영업사원이 있거나 업무상 필요한 경우는 여러 대의 자동차를 업무용 승용차로 비용처리하는 것은 문제가 없다. 실제로 저자의 거래처 중 하나도 개인사업자이지만 영업사원이 많다 보니 여러 대의 업무용 승용차를 사용하고 있다. 하지만 개인병원 원장과 같이 여러 대의 승용자동차가 필요 없는 경우는 한 대의 승용차만 비용처리하는 것이 합리적이다. 임대사업자인 경우 임대사업장이 여럿일지라도 여러 대의 승용차를 비용처리하는 것은 어려운 경우가 많다. 실제 해당 사업에서 몇 대의 승용차가 필요한지를 판단 기준으로 삼으면 된다. 더불어 여러 대의 9인승 미만 업무용 승용차를 비용 처리하고자 하는 경우 차량별로 '차량운행일지' 작성이 되어 있어야 한다는 것을 이미 설명한 바 있다. 9인승 미만 업무용 승용차가 아닌 영업용 자동차, 경차, 트럭, 9인승 이상 승용자동차, 승합차 등은 여러 대의 차량을 사용할지라도 '차량운행일지' 작성은 필요 없다.

19. 공동사업자는 차량 관련 비용처리를 어떻게 해야 하는가?

(1) 공동사업자란 무엇인가?

공동사업자란 개인사업자의 사업형태 중 하나이다. 법인의 경우는 주식이 있기 때문에 주식소유 비율에 따라 지분율이 결정된다. 하지만 개인사업자에게는 주식이 없기 때문에 공동투자를 통해 사업을 하는 경우 지분율을 결정해 사업자 등록 시 공동사업자 등록을 할 수 있다. 이 지분율에 따라 매출과 비용을 배분받게 된다. 공동사업자는 대표 공동사업자가 해당 사업체를 대표하게 된다.

(2) 공동사업자 각각 업무용 승용차를 구매, 리스 혹은 렌트하는 경우 비용처리 문제

2명이 공동사업을 하는 개인사업자가 출퇴근 및 영업목적상 두 대의 업무용 승용차를 구매(리스, 렌트)하는 경우를 생각해 보자. 실제 이런 경우가 많이 있다. 세법상 공동사업자가 몇 대의 차량을 경비처리해야만 하는지에 대한 규정이 명확화된 것은 없다. 다만, 실제 업무 수행상 두 대의 차량이 필요한 것인가를 판단할 필요가 있다.

두 명이 업무목적으로 구매(리스, 렌트)한 두 대의 차량을 사용하는 용도를 생각해 보면, 출퇴근용과 일반업무목적으로 나누어 생각해 볼 수 있다. 일반업무목적은 지방의 공장을 방문하거나 교육이나 회의참석차 가는 등 통상적인 업무라고 볼 수 있다. 출퇴근도 업무목적으로 보고 있다.

업무용 승용차 관련 개정세법에서 살펴본 바와 같이 2016년부터 9인 승 미만 업무용 승용차는 차량운행일지를 작성하게 되어 있으므로 차량운행일지와 관련 증빙을 통해 업무용으로 사용되었는지 여부는 판단할 수 있다. 적절하게 업무용으로 사용된 공동사업자의 두 대의 차량에 대해 경비처리상 문제가 될 것으로 여겨지지 않는다.

결론적으로, 공동사업자인 경우 업무용 승용차 혹은 영업용 자동차의 비용처리 문제는 사업의 실질에 따라 달라진다. 만약 두 공동사업자 모두 업무상 승용자동차나 그 외 자동차가 필요한 상황이라면 2대의 취득, 임차(리스나 렌트) 및 유지 관련비용이 인정될 수 있다. 물론 9인 승 미만 업무용 승용차는 업무사용비율에 따라 인정받는 비용의 한도가 달라진다. 9인승 미만 업무용 승용차가 아닌 영업용이나 트럭 등에 대해서는 사업의 실질을 고려해 필요하다고 인정되는 경우 한도 없이 모든 관련 비용 처리가 가능하다.

참고로, 개인사업자의 경우 사업 시작 전에 이미 소유하고 있던 자동차를 사업개시 후 사업목적으로 사용한 경우도 경비처리가 가능하다. 물론 정확히 하기 위해서는 차량의 취득금액을 사업시작 시점에서 평가해 보는 것이 필요하다. 사업시작 시점에 해당 차량을 중고로 취득했다고 생각하면 좋을 것 같다. 이를 위해 관할 시군구청의 취득세 시가표준액을 참조하거나, 홈택스를 통해 시가표준액을 조회하면 된다.

5장

자동차 세금감면 혜택 상담하기

자동차 취득과 운행 시 장애인, 국가유공자, 다자녀 가정과 같이 특정요건을 갖춘 경우 취득세 혹은 자동차세 등을 감면해주고 있다. 각 해당요건이 어떻게 되는지를 알아야 상담이 가능하다. 또한, 취득 후 해당 자동차를 잘못 처분하는 경우 감면받은 세금을 추징당할 수 있으니 주의할 사항도 숙지한 후 고객에게 조언해 주어야 한다.

1. 장애인용 차량에 대한 취득세와 자동차세 감면

1) 감면혜택의 내용은 무엇인가?

「장애인복지법」에 따른 장애인으로서 장애 등급 제1급부터 제3급까지에 해당하는 사람이 보철용(장애인 보조) 혹은 생업활동용으로 사용하기 위해서 취득하는 아래의 특정한 차량에 대해 취득세 또는 자동차세 중 어느 하나에 대해 먼저 감면을 신청하는 1대에 대해서는 취득세 및 자동차세를 각각 2021년 12월 31일까지 면제해 준다. 감면신청은 각 자동차가 등록된 지방자치단체인 구청·시청 등에 하면 된다. 더불어 자동차 등록 시 채권구매를 면제해 주고 있다. 이 장애인 차량 감면 규정은 적용이 만료되는 시점에 기한이 연기될 수 있다.

2) 혜택을 받는 장애인은 누구인가?

법에서는 장애인용 차량 감면대상이 되는 장애인과 등급을 정하고 있다.

(1) 대상이 되는 장애인

① 지체 장애인(신체 일부를 잃은 사람 등)

② 뇌병변 장애인(뇌성마비, 뇌 손상, 뇌졸중 등)

③ 시각 장애인(교정시력이 0.02 이하인 사람 등)

④ 청각 장애인(두 귀의 청력손실이 60㏈ 이상인 사람 등)

⑤ 언어 장애인(음성 혹은 언어 기능에 영속적으로 상당한 장애가 있
는 사람 등)

⑥ 지적 장애인(지적능력 발달이 불충분하거나 불완전한 경우)

⑦ 자폐성 장애인(소아기 자폐증, 비전형 자폐증 등)

⑧ 정신 장애인(정신분열병 및 우울증 등)

⑨ 신장 장애인(신장의 기능부전으로 혈액투석 등이 필요한 경우 등)

⑩ 심장 장애인(심장 기능부전으로 인한 호흡곤란 등의 장애 등)

⑪ 호흡기 장애인(호흡기관의 만성적 기능부전 등)

⑫ 간 장애인(간 기능 장애 등)

⑬ 안면 장애인(안면 변형 및 기형 등)

⑭ 장루·요루 장애인(배변 기능 및 배뇨 기능의 장애인)

⑮ 뇌전증 장애인(뇌전증에 의한 뇌신경세포의 장애 등)

위 장애인 유형을 보면 병에 의한 장애도 상당히 많이 포함되어 있음을 알 수 있다. 2000년부터는 장기장애인 제도가 도입되었는데 장기장애인도 1에서 3급 장애인은 자동차 취득세나 자동차세 감면대상이 된다. 따라서 자동차 구매예정 고객 중 위의 장애인 기준에 해당된다고 한다면 장애인 판정을 받아 차를 구매하는 경우 세금감면을 받을 수 있을 것이다.

(2) 장애인의 등급

장애인 등급은 병원진단을 통해 보건복지부에서 정한 기준을 근거로 판단한다. 이는 관련 병원에서 상담받을 수 있다. 「장애인복지법」에 따른 장애인으로서 보건복지부령에 따른 장애 등급 제1급부터 제3급에 해당하는 사람이 자동차 취득세 혹은 자동차세를 감면받을 수 있다. 다만, 시각장애인의 경우 지방자치단체의 감면조례를 통해 4등급까지도 취득세나 자동차세 면제 혜택을 받을 수 있다. 감면조례는 각 지방자치단체에서 확인할 수 있으며 대부분 지방자치단체에서 혜택이 가능하다고 생각하면 된다.

3) 감면혜택에 해당하는 차량은 무엇인가?

(1) 다음 어느 하나에 해당하는 승용자동차
① 배기량 2,000cc 이하인 승용자동차
② 자동차 관리법에 따라 분류된 승차 정원 7명 이상 10명 이하인 승용자동차 (장애인의 이동 편의를 위해 구조를 변경한 자동차의 경우는 구조변경 전의 승차 정원을 기준으로 판단함)

(2) 승차정원이 15명 이하인 승합자동차
(3) 최대적재량 1톤 이하인 화물자동차(1톤 초과 2.5톤 미만은 채권만 면제함)
(4) 배기량 250cc 이하인 이륜자동차

4) 주의할 사항은 무엇인가?

(1) 자동차 등록 시 유의사항

취득세 혹은 자동차세를 면제받으려는 경우 장애인이 본인 명의로 등록하거나 그 장애인과 세대별 주민등록표에 의해 세대를 함께하는 것으로 확인되는 배우자, 직계존속(부모님 및 조부모 등이며 직계존속의 재혼한 배우자를 포함한다), 직계비속(자녀 및 손주 등이며 재혼한 배우자의 자녀를 포함한다), 형제·자매 또는 직계비속의 배우자가 공동 명의로 등록하는 1대로 한정한다. 만약 장애인의 배우자 또는 직계비속의 배우자 등이 대한민국 국민이 아닌 경우라도 가족관계등록부에 의해 세대를 같이하는 것으로 확인되는 경우는 혜택을 받을 수 있다.

(2) 부득이한 사유 없이 1년 이내에 소유권을 이전하거나 세대에서 분가하는 경우 감면받은 취득세나 자동차세 추징

장애인 또는 장애인과 공동으로 등록한 사람이 자동차 등록일부터 1년 이내에 사망, 혼인, 해외이민, 운전면허 취소 및 그 밖에 이와 유사한 부득이한 사유 없이 소유권을 이전하거나 세대에서 분가하는 경우에는 면제된 취득세나 자동차세를 추징한다. 즉, 위의 예시로 든 경우와 같은 부득이한 사유로 인해 소유권 이전 시는 면제된 세금을 추징하지 않는다는 의미이다.

또한, 장애인과 공동 등록할 수 있는 사람(같은 세대로 묶여 있는 위에서 말한 자녀 등)이 그 장애인으로부터 소유권의 일부를 이전받는 경우, 또는 공동 등록할 수 있는 사람 간에 일부 등록 전환하는 경우는 취득세를 추징하지 않는다. 이 의미는 1년 안에 공동명의가 가능한 아들 등 공동명의자에게 자동차 지분을 이전하는 경우 장애인인 아버지의 지분이 조금이라도 있어야 한다는 의미이다. 즉 1%라도 장애인 아버지 소유비율이 유지되어야 면제받은 세금을 추징당하지 않는다. 즉, 취득 후 1년 이내에 공동등록이 가능한 사람에게 소유권을 일부 이전하는 경우일지라도 장애인의 소유비율이 전혀 없게 되면 이전에 면제받은 취득세나 자동차세를 전액 추징당하게 된다.

(3) 장애인이 대체 취득하는 경우

장애인이 취득세 혹은 자동차세를 면제받은 현재의 차량을 등록 후 1년이 지난 시점에서 말소등록하거나 이전 등록하고 다시 취득하는 경우는 다시 새로 취득한 차량에 대해 취득세나 자동차세를 면제받을 수 있다. 이 경우 새로운 차를 취득하여 등록한 후 이전에 취득세와 자동차세를 면제받은 차량을 새로운 차를 등록한 날부터 60일 이내에 말소등록하거나 이전 등록하는 경우도 동일하게 새로운 차량에 대해 세금면제 혜택이 가능하다. 다만, 2019년부터는 취득 후 1년이 지나 장애인 감면을 받은 차량을 자녀 등 공동지분자에게 넘긴 경우 해당 자녀에게 지분이 모두 넘어간 자동차가 공동지분자 외에게 매각 혹은 말소 등록되기 전에는 장애인이 새롭게 취득하는 자동차에 대해 취득세와 자동차세 감면은 적용되지 않는다.

신규 감면차량 등록 후 60일 이내에 기존 감면차량을 말소등록 혹은 이전 등록하는 경우 그 60일간에 발생하는 자동차세에 대해서는 1대를 소유한 것으로 보아 자동차세가 신규 차량과 이전 차량 2대 모두에서 감면된다.

또한, 2010년까지는 '장애인 등 이외의 자'에게 이전 등록해야 하고 배우자, 직계존비속 등 장애인과 공동으로 취득 가능한 사람에게 이전 등록하는 것은 인정되지 않았다. 하지만 2011년부터는 이전받는 자가 누구든 상관이 없으므로 가족 등에게 이전 등록하는 것도 가능하게 되었다.

또한, 장애인이 등록 후 1년이 지나면 감면받은 취득세를 추징하지 않는다는 의미이지, 1년이 지난 후 동일한 장애인이 차량을 한 대 더 취득하는 경우 그 차량도 감면이 적용된다는 의미는 아니다. 즉 장애인 한 명에 대해 한 대의 차량만 감면혜택을 주는 것이다. 만약 새로운 차를 구매하는 경우 기존 차량은 팔거나 이전하는 등의 처분이 필요한 것이다.

2. 국가유공자에 대한 취득세와 자동차세 감면

국가유공자에 대한 세금감면 혜택은 장애인 차량 세금감면 혜택과 유사하다. 이에 대한 세부사항은 다음과 같다.

1) 감면혜택의 내용은 무엇인가?

보철용 혹은 생업활동용으로 사용하기 위해 국가유공자가 본인명의 혹은 법에서 인정하는 사람과 공동명의로 등록하여 사용하는 1대의 차량에 대해 취득세 또는 자동차세 중 어느 하나에 대해 먼저 감면 신청하는 1대에 대해서는 취득세 및 자동차세를 각각 2021년 12월 31일까지 면제해 주는 것이다. 더불어 자동차 등록 시 채권구매를 면제해 주고 있다. 감면 기간이 끝나는 시점에서 계속해서 연장될 수 있으므로 사전에 파악해 보는 것이 필요하다.

2) 혜택을 받는 국가유공자는 누구인가?

감면대상이 되는 국가유공자란 다음과 같은 사람을 말하는 것이다.

① 「국가유공자 등 예우 및 지원에 관한 법률」에 따른 국가유공자로서 상이등급 1급부터 7급까지의 판정을 받은 사람이다. 위 법에 따른 국가유공자는 예를 들면 순국선열, 애국지사, 전몰군경, 전상군경, 순직군경, 공상군경, 무공수훈자, 보국수훈자 등으로 관련 법에서 확인할 수 있음.

② 「5·18 민주 유공자 예우에 관한 법률」에 따라 등록된 5·18 민주화 운동 부상자로서 신체장애 등급 1급부터 14급까지 판정을 받은 사람.

③ 「고엽제후유증환자 지원 및 단체설립에 관한 법률」에 따른 고엽제후유증환자로서 경도 이상의 장애등급 판정을 받은 사람.

3) 감면혜택에 해당하는 차량은 무엇인가?

국가유공자 감면혜택 자동차는 장애인용 감면혜택 차량과 동일하다고 생각하면 된다.

(1) 다음 어느 하나에 해당하는 승용자동차

① 배기량 2,000cc 이하인 승용자동차

② 자동차 관리법에 따라 분류된 승차 정원 7명 이상 10명 이하인 승용자동차 (국가유공자의 이동 편의를 위해 구조를 변경한 자동차의 경우는 구조변경 전의 승차 정원을 기준으로 판단함)

(2) 승차 정원이 15명 이하인 승합자동차
(3) 최대적재량 1톤 이하인 화물자동차(1톤 초과 2.5톤 미만은 채권만 면제함)
(4) 배기량 250cc 이하인 이륜자동차

4) 주의할 사항은 무엇인가?

주의할 사항도 장애인용 차량과 동일하다고 생각하면 이해하기 쉬울 것이다.

(1) 자동차 등록 시 유의사항

취득세 혹은 자동차세를 면제받으려는 경우 국가유공자 본인 명의로 등록하거나 그 국가유공자와 세대별 주민등록표에 의해 세대를 함께 하는 것으로 확인되는 배우자, 직계존속(부모님 및 조부모 등이며 직계존속의 재혼한 배우자를 포함한다), 직계비속(자녀 및 손주 등이며 재혼한 배우자의 자녀를 포함한다), 형제자매 또는 직계비속의 배우자가 공동명의로 등록하는 1대로 한정한다. 만약 국가유공자의 배우자 또는 직계비속의 배우자 등이 대한민국 국민이 아닌 경우에는 가족관계등록부에 의해 세대를 같이하는 것으로 확인되는 경우를 포함한다.

(2) 부득이한 사유 없이 1년 이내에 소유권을 이전하거나 세대를 분가하는 경우 감면받은 취득세나 자동차세 추징

국가유공자 또는 국가유공자와 공동으로 등록한 사람이 자동차 등록일부터 1년 이내에 사망, 혼인, 해외이민, 운전면허 취소, 그 밖에 이와 유사한 부득이한 사유 없이 1년 이내에 소유권을 이전하거나 세대에서 분가하는 경우 감면받은 취득세나 자동차세를 추징한다. 즉, 위의 예시로 든 경우와 같은 부득이한 사유로 인해 소유권 이전 시는 취득세나 자동차세를 추징하지 않는다는 의미이다.

또한, 국가유공자와 공동 등록한 사람(같은 세대로 묶여 있는 위에서 말한 자녀 등)이 그 국가유공자로부터 소유권의 일부를 이전받은 경우 또는 공동 등록할 수 있는 사람 간에 일부 소유권을 등록 전환하는 경우는 추징하지 않는다.

단, 장애인용 자동차와 동일하게 등록 후 1년 이내에 공동등록이 가능한 사람에게 소유권 이전 시 국가유공자의 소유비율이 0%가 된다면 이전에 면제받은 취득세나 자동차세를 전액 추징당하게 된다. 1년이 지난 시점에서 국가유공자나 공동 등록한 사람이 가족이나 타인에게 이전 시는 취득세나 자동차세 추징 문제는 없어질 것이다.

(3) 국가유공자가 대체 취득하는 경우

국가유공자가 취득세나 자동차세를 면제받은 현재의 차량을 말소 등록하거나 이전 등록하고 다시 취득하는 경우는 새로 취득한 차량에 대해 취득세나 자동차세를 면제받을 수 있다. 이 경우 새로운 차를 취득하여 등록한 후 이전에 취득세와 자동차세를 면제받은 차량을 새로운 차를 등록한 날부터 60일 이내에 말소 등록하거나 이전 등록하는 경우도 동일하게 새로운 차량에 대해 세금면제 혜택이 가능하다. 다만, 2019년 부터는 취득 후 1년이 지나 국가유공자 감면을 받은 차량을 자녀 등 공동지분자에게 넘긴 경우 해당자녀에게 지분이 모두 넘어간 자동차가 공동지분자 외에게 매각 혹은 말소등록되기 전에는 국가유공자가 새롭게 취득하는 자동차에 대해 취득세와 자동차세 감면은 적용되지 않는다.

신규 감면차량 등록 후 60일 이내에 기존 감면차량을 말소등록 혹은 이전 등록하는 경우 그 60일간에 발생하는 자동차세에 대해서는 1대를 소유한 것으로 보아 자동차세가 신규 차량과 이전 차량 2대 모두에서 감면된다.

또한, 2010년까지는 '국가유공자 등 이외의 자'에게 이전 등록해야 하고 배우자, 직계존비속 등 장애인과 공동으로 취득 가능한 사람에게 이전 등록하는 것은 인정되지 않았다. 하지만 2011년부터는 이전받는 자가 누구든 상관이 없으므로 가족 등에게 이전 등록하는 것도 가능하게 되었다.

하지만 주의할 것은 차량을 등록한지 1년 안에 새로운 사람에게 이전 시는 국가유공자와 공동으로 취득 가능한 직계존비속 등에게 이전되어야 감면된 취득세나 자동차세를 추징당하지 않는다. 이 경우에도 국가유공자의 소유비율이 최소 1%는 있어야 한다.

상담 포인트: 장애인용 차량 및 국가유공자용 차량 취득 상담하기
① 장애인과 국가유공자에 대한 취득세나 자동차세 감면과 채권면제를 정리하면 다음과 같다.

※ 감면대상과 내용[12]

구 분	장애인(1급~3급), 시각장애인은 4급까지		국가유공자 (1급~7급)		장애인(4급~6급) 시각장애인은 5급~6급	
	본인명의	공동명의	본인명의	공동명의	본인명의	공동명의
취득세 또는 자동차세	면제	면제	면제	면제	과세	과세
채권	면제	면제	면제	면제	면제	면제

장애인은 3급(지자체 조례에 따라 시각장애인은 4급)까지, 국가유공자는 7급까지 취득세나 자동차세 중 하나가 면제 가능하다. 장애인 중 감면대상은 아니지만 채권면제 대상이 되는 등급이 4급(시각장애인은 5급) 이후이다. 취득세나 자동차세 감면대상이 아니라도 채권에 대한 혜택을 볼 수 있으므로 상담 시 안내해 주어야 한다.

---

12 출처: 서울시 광진구청 홈페이지

② 자동차 취득 후 1년 이내에는 가능한 이전하거나 분가하지 않도록 한다.

최소 1년이 지난 시점에서 장애인 소유지분을 이전하거나 분가해야 면제받은 세금에 대한 추징 문제를 발생시키지 않는다. 어쩔 수 없이 장애인이나 국가유공자의 지분을 1년 이내에 공동으로 취득 가능한 가족 등에게 이전 시라도 최소 1%의 지분은 장애인이나 국가유공자가 가지고 있어야 한다.

③ 최초 공동명의 등록 시 공동명의 가족의 소유비율을 가능한 한 높게 해야 유리하다.

자동차 최초 등록 시 공동명의로 등록하는 경우 장애인이나 국가유공자의 소유비율을 1%로 하고 공동 등록하는 가족의 소유비율을 99%로 한다면 향후 100% 해당 가족명의로 전환하는 경우 추가로 지급해야 하는 취득세는 1%에 해당하는 부분이라 상당히 취득세를 절세할 수 있을 것이다.

④ 자동차 취득 후 1년이 지난 후 공동명의자에게 전체 지분을 이전한 경우는 주의해야 한다.

2019년부터는 자동차 취득 후 1년이 지나 공동지분자였던 자녀 등에게 장애인이나 국가유공자가 지분을 모두 이전하는 경우 공동명의자였던 자녀 등이 해당 차량을 매각하거나 말소하지 않는다면 추가로 신규 차량취득을 통해 장애인이나 국가유공자 감면 혜택을 받을 수 없다.

3. 다자녀 양육가정에 대한 취득세 감면

(1) 감면혜택의 내용은 무엇인가?

18세 미만의 자녀를 3명 이상 양육하는 경우 2021년 12월 31일까지 감면대상 자동차를 취득하여 등록하는 1대에 대하여 취득세를 감면해주는 제도이다.

취득세를 감면하되, 승용자동차 중에서 7인승 미만의 차량을 구매하는 경우는 취득세를 140만 원 한도로 감면해준다. 즉 5인승 승용자동차의 경우 취득세 계산을 위한 차량가액이 4천만 원이라면 취득세는 280만 원이 되고 이 중 감면이 가능한 금액은 140만 원이 되는 것이다.

7인에서 10인승까지의 승용자동차, 승차 정원 15명 이하인 승합자동차, 최대적재량이 1톤 이하인 화물자동차 및 배기량 250cc 이하인 이륜자동차에 대한 취득세는 전액 면제된다.

(2) 혜택을 받는 대상은 누구인가?

18세 미만의 자녀를 3명 이상 양육하는 다자녀 가구를 말한다. 자녀의 수는 가족관계등록부 기록을 기준으로 한다. 양자 및 배우자의 자녀를 포함하되 입양된 양자는 친생부모의 자녀 수에는 포함하지 아니한다. 양자는 입양한 부모의 자녀 수에 포함되기 때문에 낳아준 부모가 차량 구매 시는 자녀 수에 포함하면 안 된다는 의미이다.

재혼한 경우에는 배우자의 기존 자녀도 자녀 수에 포함하여 계산하는 것이다. 만약 재혼한 부부가 남편이 자녀 2명, 부인이 자녀 1명이 있었다면 총 자녀 수는 3명이 되어 취득세 감면혜택 대상이 되는 것이다.

자녀 수를 계산할 때 자동차 취득일을 기준으로 계산하고 가족관계등록부를 기준으로 해야 하므로 아직 태어나지 않은 태아나 출생신고가 누락된 자녀는 자녀 수에 포함하면 안 된다.

(3) 감면혜택에 해당하는 차량은 무엇인가?

양육을 목적으로 2021년 12월 31일까지 취득하는 다음의 자동차에 대해 취득세 감면을 적용해 준다. 승용자동차, 승합자동차 및 화물자동차의 배기량 제한은 없다.

① 승차 정원이 7인승 미만인 승용자동차(취득세 140만 원 한도)
② 승차 정원이 7인승 이상 10인승 이하 승용자동차
③ 승차 인원 15인승 이하인 승합자동차
④ 적재정량 1톤 이하인 화물자동차
⑤ 배기량이 250cc 이하인 이륜자동차

(4) 주의할 사항은 무엇인가?

① 가구별 1대의 차량에 대해 감면 가능하다.

위의 대상자 조건과 차량 조건이 맞는 경우 2018년 12월 31일까지 취득하여 등록하는 자동차 1대에 대하여 취득세를 면제해 준다. 다만, 남편이 감면을 받은 경우 가구별로 1대의 차량만 혜택을 주는 것이므로 아내 소유의 차량에 대해서는 감면을 받을 수 없다.

② 공동명의는 배우자 이외의 사람과 같이 하면 안 된다.

공동명의 차량의 경우 배우자 이외의 사람과 공동명의로 등록하는 경우에는 감면이 되지 않는다는 것을 주의해야 한다. 자동차보험 절감 등 특별한 경우가 아니라면 가능한 공동명의가 아닌 한 사람 명의로 등록하는 것이 좋다.

③ 신차를 구매하는 경우 이전 차량에 대한 말소등록 혹은 이전 등록이 필요하다.

승용차, 승합차, 화물차 및 이륜차 등 위의 대상이 되는 차량에 대해 먼저 감면신청을 하는 1대에 대하여 취득세를 감면해주는 제도이므로 기존 차량에 대해 감면을 받고 새 차를 1대 취득하면 추가로 취득세를 감면받을 수 없다. 이 경우 기존 차량을 말소 등록하거나 이전 등록하는 것이 필요하다. 다만 새 차를 등록한 날부터 60일 이내에 이전 차량을 말소 등록하거나 이전 등록하는 경우는 혜택대상 차량이 한 대인 것으로 보아 신규 차량에 대해 취득세를 감면해주고 있다. 다만, 2019년부터 배우자 간 소유권 이전한 경우는 추가로 감면 혜택을 받을 수 없음을 주의해야 한다.

④ 자치단체 조례에 의해 취득세를 감면받은 경우 신규 차량 취득 시 주의가 필요하다.

이전에 다자녀가구에 대한 취득세 감면은 2010년까지 각 지방자치단체의 조례를 통해 혜택을 주었는데 이때 구매하고 혜택을 받은 경우 이미 1대를 감면받은 것이므로 신규 차량 취득 시는 기존 차량에 대한 말소등록이나 이전 등록이 필요하다. 신규 차량 취득 이후 60일 이내에 구 차량을 말소 등록하거나 이전 등록해도 가능하다.

⑤ 취득세를 감면받은 후 1년 이내에 부득이한 사유 없이 소유권 이전
시 취득세를 추징당한다.

다자녀가구 조건에 따라 자동차의 취득세를 감면받은 사람이 자동차
의 등록 시점부터 1년 이내에 사망, 혼인, 해외이민, 운전면허 취소,
그 밖에 이와 유사한 부득이한 사유 없이 소유권을 이전하는 경우에
는 감면된 취득세를 추징 당하게 된다.

4. 경차에 대한 취득세 감면

경차는 취득세 면제, 개별소비세 면제, 부가가치세 매입세액 환급(공
제) 및 유류세 환급 등 다양한 혜택을 주고 있다. 이 중 취득세 면제
혜택에 대해 알아 보자.

(1) 감면혜택의 내용은 무엇인가?

경형 자동차에 속하는 비영업용 승용자동차나 경형 승합자동차 또는
경형 화물자동차를 취득하는 경우 2021년 12월 31일까지 취득세를 면
제한다. 다만, 취득일부터 1년 이내에 영업용으로 사용하는 경우에는
감면된 취득세를 추징한다

① 비영업용 경형 승용자동차의 취득세가 50만 원 이하인 경우

전액 면제하고 50만 원 초과 시는 취득세에서 50만 원을 공제한다.

② 경형 승합자동차와 경형 화물자동차

취득세를 전액 면제한다. 다만 취득세가 200만 원 초과 시는 15%는 납부해야 한다.

(2) 감면혜택에 해당하는 차량은 무엇인가?

① 승용자동차

배기량이 1,000cc 미만으로서 길이 3.6m, 너비 1.6m, 높이 2.0m 이하인 승용자동차를 말한다. 단, 전기만을 동력으로 사용하는 자동차의 경우에는 배기량(cc) 기준 외의 길이, 너비 및 높이 기준만 적용한다.

② 승용자동차 이외

승합자동차 또는 화물자동차 중 배기량 1,000cc 미만으로서 길이 3.6m, 너비 1.6m, 높이 2.0m 이하인 10인승 이하의 전방 조종형 자동차(경형 승합차) 및 경형 화물자동차를 말한다. 단, 전기만을 동력으로 사용하는 자동차의 경우에는 배기량(cc) 기준 외의 길이, 너비 및 높이 기준만 적용한다.

(3) 주의할 사항은 무엇인가?

① 취득세 감면 시 최소한의 세금납부

경형 자동차가 2016년 1월 1일부터 취득세를 면제받는 경우 감면최저한제도에 의해 원래 납부해야할 취득세가 2백만 원을 초과하는 경우 취득세의 15%는 납부해야 한다. 감면최저한제도란 감면을 받되 최소한으로 내야 하는 세금을 규정한 것이다. 현재 감면 전 취득세가 2백만 원을 초과하는 경형 자동차는 없을 것으로 생각된다. 따라서, 취득세 전액을 감면받는 것으로 생각하면 된다.

② 피견인형 화물자동차는 감면대상에서 제외

자동차의 유형별 세부기준이 특수용도형 경형 화물자동차로서 피견인형 자동차(트레일러)는 2016년 1월 1일부터 취득세 감면대상에서 제외한다.

5. 경차의 유류세 환급제도

(1) 경차의 유류세 환급제도란 무엇인가?

2021년 12월 31일까지 경형차 소유자가 경형차 연료로 사용한 유류에 부과되는 유류세 중에서 다음의 세금을 연간 20만 원의 한도 내에서 환급해 주는 제도이다.

- 휘발유·경유: L당 250원의 개별소비세를 환급
- LPG가스(부탄): kg당 275원의 개별소비세를 환급

(2) 환급대상은 누구인가?

배기량 1,000cc 미만의 경형 자동차(승용 또는 승합)를 소유하고 다음의 요건을 모두 충족하는 사람이 해당한다.

① 경형 자동차 소유자 및 주민등록표상 동거가족이 소유한 승용자동차 또는 승합자동차의 각각의 합계가 1대인 경우(경차 포함 각각 승용자동차 1대, 승합차 1대인 경우 해당함)

② 「에너지 및 자원사업 특별회계법 시행령」 제3조 제1항 제10호의2에 따른 지원사업의 수혜대상자인 장애인 또는 국가유공자가 아닌 경우(유가보조금 수혜대상자 제외 의미임)

※ 유류세 환급대상자 해당 여부 사례별 판정표(국세청 자료)

구 분	내 용	자격 여부
1	경형 승용차 1대와 일반 승합차 1대를 동시 소유한 경우	○
	경형 승합차 1대와 일반 승용차 1대를 동시 소유한 경우	
2	경형 승용차 1대와 일반 승용차 1대를 동시 소유한 경우	×
	경형 승합차 1대와 일반 승합차 1대를 동시 소유한 경우	
3	경형 승용차 1대와 일반 화물차 1대를 동시 소유한 경우	○
4	경형 승용차 2대를 소유한 경우	×
5	경형 승합차 2대를 소유한 경우	×
6	경형 승용차 1대와 경형 승합차 1대를 동시 소유한 경우	○
7	경형 승용차 1대와 국가유공자 지원 승용차 1대를 동시 소유한 경우	×
8	경형 승합차 1대와 국가유공자 지원 승합차 1대를 동시 소유한 경우	×
9	경형차 1대와 화물운전자 지원차량 1대를 동시 소유한 경우	○
10	경형 승용차 1대와 개인택시 차량 1대 동시 소유한 경우	×
11	경형차 1대만 소유하고 있으나, 대상 차가 공동명의인 경우: 공동명의자가 등본상 같은 세대일 경우	대표명의자
12	경형차 1대만 소유하고 있으나, 대상 차가 공동명의인 경우: 공동명의자가 등본상 다른 세대이며, 2명 모두 대상자일 경우	대표명의자
13	경형차 1대만 소유하고 있으나, 대상 차가 공동명의인 경우: 공동명의자가 등본상 다른 세대이며, 1명만 대상자일 경우	대상자가 대표 명의자인 경우
14	1세대 1경형차였으나, 합가로 인하여 1세대 2경형차가 된 경우	×
15	1세대 2경형차였으나, 분가로 인하여 1세대 1경형차가 된 경우	○
16	1세대 1경형차이나 소유주가 외국인 또는 재외동포인 경우	○
17	법인 소유 경형차 또는 소유주는 개인이나 실질 소유는 단체인 관용(영업용) 경형차	×

위, 판정표에서 보면 승용자동차가 2대 혹은 승합차가 2대인 경우는 제외되며, 국가유공자용 차량 혹은 장애인 차량도 승용자동차 혹은 승합차가 2대인 경우는 제외된다. 또한, 공동명의인 경우 대표명의자가 혜택을 받을 수 있으며, 법인 차량 및 개인 이름으로 된 단체 등 관용(영업용)차량은 대상이 아님을 알 수 있다.

(3) 환급방법은 무엇인가?

경형차 환급용 유류구매카드(신용 또는 체크)를 신청 후 발급받아 주유 시 이 카드를 이용하는 경우 신용카드는 청구금액에서 리터당 환급액이 차감되어 청구되고, 체크카드는 통장 인출금액에서 리터당 환급액을 차감하고 인출된다. 세무서에 별도로 환급 신청할 필요 없이 카드회사가 일괄환급하고 카드사는 국세청과 환급액을 정산하게 된다.

현재, 가능한 유류구매카드는 신한카드이며, 2017년 9월경부터 롯데나 현대카드도 가능하게 된다. 각 은행이나 카드사를 방문하여 유류구매카드 신청서를 작성하거나, 전화를[13] 통해 카드신청접수가 가능하다. 첨부서류는 차량등록증과 신분증 사본이 필요하다.

(4) 부정환급 시 불이익은 무엇인가?

① 「경차 유류구매카드」로 구매한 유류를 해당 경형차 외의 용도로 사용하여 환급받은 경우

환급대상자로부터 유류 환급세액과 그 환급세액의 40%에 해당하는 가산세를 포함하여 징수하고, 환급대상자에서 제외한다.

---

13   전화접수: ARS 080-800-0001번에서 유류구매카드 신청접수가 가능하다.

② 환급대상자로부터 「경차 유류구매카드」를 양수하여 사용하거나 환급대상자가 아닌 자가 유류구매카드를 사용하여 환급받은 경우

사용자로부터 유류의 환급세액과 그 환급세액의 40%에 해당하는 가산세를 포함하여 징수하고, 환급대상자에서 제외한다.

6. 전기자동차의 취득세 및 개별소비세 감면

1) 감면혜택의 내용은 무엇인가?

「환경친화적 자동차의 개발 및 보급촉진에 관한 법률」에 따른 특정요건을 갖춘 전기자동차의 경우 자동차를 취득 시 2019년 12월 31일까지 아래와 같이 취득세를 감면하고, 개별소비세 감면은 2012년 1월 1일부터 2020년 12월 31일까지 제조장 또는 보세구역에서 반출되는 자동차에만 적용한다. 감면 혜택은 연장 가능하므로 감면 기간 종료 시 확인이 필요하다.

(1) 취득세의 감면

① 취득세액이 140만 원 이하인 경우에는 취득세 전액을 면제한다.

② 취득세액이 140만 원을 초과하는 경우에는 산출한 세액에서 140만 원을 공제한다.

(2) 개별소비세의 감면

① 개별소비세액이 3백만 원 이하인 경우에는 개별소비세액 전액을 면제한다.

② 개별소비세액이 3백만 원을 초과하는 경우에는 3백만 원을 공제한다.

2) 감면혜택에 해당하는 자동차는 무엇인가?

(1) 전기자동차의 정의에 맞아야 함

'전기자동차'란 전기 공급원으로부터 충전받은 전기에너지를 동력원으로 사용하는 자동차를 말한다.

(2) 다음의 요건을 모두 충족하는 친환경적 자동차로서 산업통상자원부 장관이 환경부 장관과 협의하여 고시한 자동차

① 에너지소비효율이 산업통상자원부령으로 정하는 기준에 적합해야 한다. 승용차, 화물자동차, 경·소형승합차의 경우는 3.5km/kwh 이상이 되어야 하며 중·대형 승합자동차인 전기버스는 1km/kwh 이상이 되어야 한다.

② 「수도권 대기환경개선에 관한 특별법」에 따라 환경부령으로 정하는 저공해자동차로써 대기오염물질의 배출이 없거나 배출허용기준보다 오염물질을 적게 배출하는 자동차이어야 하며, 전기자동차의 경우 일산화탄소, 질소산화물, 탄화수소, 입자상 물질이 하나도 검출되지 않아야 기준을 통과할 수 있다.

③ 자동차의 성능 등 기술적 세부사항에 대하여 산업통상자원부령으로 정하는 기준에 적합해야 한다(현재 산업통상자원부령으로 정하는 특정기준은 없음).

7. 하이브리드자동차의 취득세 및 개별소비세 감면

1) 감면혜택의 내용은 무엇인가?

「환경친화적 자동차의 개발 및 보급촉진에 관한 법률」에 따른 특정 요건을 갖춘 하이브리드 자동차의 경우 2021년 12월 31일까지 감면금액을 달리하여 취득세를 감면하고, 개별소비세 감면은 2009년 7월 1일부터 2021년 12월 31일까지 제조장 또는 보세구역에서 반출되는 자동차에만 적용한다.

(1) 취득세의 감면

① 2019년 12월 31일까지는 취득세액이 140만 원 이하인 경우 취득세를 면제하고, 취득세액이 140만 원을 초과하는 경우 취득세액에서 140만 원을 공제한다.

② 2020년 1월 1일부터 2020년 12월 31일까지는 취득세액이 90만 원 이하인 경우 취득세를 면제하고, 취득세액이 90만 원을 초과하는 경우 취득세액에서 90만 원을 공제한다.

③ 2021년 1월 1일부터 2021년 12월 31일까지는 취득세액이 40만 원

이하인 경우 취득세를 면제하고, 취득세액이 40만 원을 초과하는 경우 취득세액에서 40만 원을 공제한다.

(2) 개별소비세의 감면

① 개별소비세액이 100만 원 이하인 경우에는 개별소비세액 전액을 면제한다.

② 개별소비세액이 100만 원을 초과하는 경우에는 100만 원을 공제한다.

2) 감면혜택에 해당하는 자동차는 무엇인가?

(1) 하이브리드자동차의 정의에 맞아야 함

'하이브리드 자동차'란 휘발유·경유·액화석유가스·천연가스 또는 산업통상자원부령으로 정하는 연료와 전기에너지를 조합하여 동력원으로 사용하는 자동차를 말한다.

(2) 다음의 요건을 모두 충족하는 친환경적 자동차로서 산업통상자원부 장관이 환경부 장관과 협의하여 고시한 자동차

에너지소비효율이 산업통상자원부령으로 정하는 기준에 적합해야 한다. 일반 하이브리드자동차와 플러그인 하이브리드자동차의 에너지소비효율 기준은 다음과 같다.

① 일반 하이브리드자동차의 기준

구 분	에너지소비효율 기준(km/ℓ)		
	휘발유	경 유	LPG
1,000cc 미만	19.4	–	15.5
1,000cc~ 1,600cc 미만	15.8	21.6	13.2
1,600cc~ 2,000cc 미만	14.1	16	11.4
2,000cc 이상	11.8	14.3	9.7

② 플러그인 하이브리드자동차의 기준

에너지소비효율 기준(km/ℓ)
18.0

8. 외교관용 등 승용자동차에 대한 개별소비세 감면

(1) 감면혜택의 내용은 무엇인가?

특정 외교관으로서 우리나라에 주재하는 자가 구매하는 국산 승용자동차와 협정에 의해 등록된 외국 민간원조단체가 주무장관의 추천을 받아 그 사업용으로 구매하는 국산 승용자동차에 대하여 개별소비세를 면제한다.

(2) 주의할 사항은 무엇인가?

① 외교관의의 기준에 맞아야 함

우리나라에 상주하는 영사기관(명예영사관원을 장으로 하는 영사기관은 제외한다) 혹은 국제연합과 이에 준하는 국제기구(우리나라가 해당 국가에서 특권과 면제를 받는 경우만 해당)의 소속 직원으로서 해당 국가로부터 공무원 신분을 부여받은 자 또는 외교부장관으로부터 이에 준하는 신분임을 확인받은 자 중 내국인이 아닌 자를 말한다.

② 승용자동차를 제조장에서 반출 시 세무서에 신고가 필요함

신청인의 인적사항 등을 적은 신청서에 주한 외교공관 등의 장이 해당 사실을 증명한 서류를 첨부하여 해당 자동차를 반출할 때에 관할 세무서장에게 제출하여 그 승인을 받아야 한다.

③ 개별소비세를 면제받은 물품을 3년 안에 타인에게 양도하거나 타인으로 명의가 변경된 경우 개별소비세가 추징됨

개별소비세를 면제받은 자동차를 면세 승인을 받은 날부터 3년 이내에 타인에게 양도한 경우에는 이를 양수한 자가, 면세 승인을 받은 날부터 3년 이내에 타인이 소지한 경우에는 이를 소지한 자가 반출 또는 수입신고를 한 것으로 보아 개별소비세를 징수한다. 이 경우 반출하는 것으로 보는 자가 개별소비세 납세의무를 지게 된다. 구매하는 사람 입장에서 외교관용 차량을 개별소비세 면제 후 3년 이내에 중고차로 구매하게 되면 면제됐던 개별소비세를 납부하게 되는 불이익이 있다는 것을 알아야 한다.

다만, 주한 외교관 등이 이임, 직무종료, 직위상실, 사망 및 외교단절 등 부득이한 사유가 있는 경우에는 개별소비세를 징수하지 아니한다. 이 경우 외교부장관이 인정하는 부득이한 사유가 있다는 증명서와 함

께 세무서에 신청해야만 면제받은 개별소비세를 추징하지 않는다.

9. 운송사업 지원을 위한
버스, 택시 등의 취득세 및 부가가치세 감면

아래의 여객운송사업자들이 사업용으로 사용하는 버스(천연가스 버스)나 택시 등을 구매하는 경우 취득세의 일부 혹은 전부를 감면해 주고 있다. 더불어 천연가스를 사용하는 시내버스, 마을버스는 2021년 말까지, 간이과세 사업자의 택시는 2020년 말까지 취득 시 부가가치세를 전액 감면해 주고 있다. 이들 버스와 택시는 영업용 차량으로 사업에 이용 시 발생하는 유류비, 수리비 등에 포함된 부가가치세도 부가가치세 신고 시 공제나 환급해 주고 있다.

(1) 여객자동차운송사업에 대한 감면혜택은 무엇인가?

① 감면대상

「여객자동차 운수사업법」에 따라 여객자동차운송사업 면허를 받은 사업자가 「여객자동차 운수사업법 시행령」제3조에 따른 시내버스운송사업, 농어촌버스운송사업, 마을버스운송사업, 시외버스운송사업, 일반택시운송사업 및 개인택시운송사업에 직접 사용하기 위하여 취득하는 자동차가 대상이 된다.

② 감면혜택

◆ 2021년 12월 31일까지 비천연가스 버스나, 모든 택시의 취득세 50%를 경감해 준다.

◆ 2021년 12월 31일까지 간이과세 사업자가 택시 취득 시 부가가치세를 100% 면제해 준다.

(2) 천연가스 버스에 대한 감면혜택은 무엇인가?

① 감면대상

「여객자동차 운수사업법」에 따라 여객자동차운송사업 면허를 받은 사업자가 운송사업용으로 직접 사용하기 위하여 천연가스 버스를 취득하는 경우에 해당 버스가 대상이 된다.

② 감면혜택

◆ 2020년 12월 31일까지 취득세를 100% 면제하고, 2021년 1월 1일부터 12월 31일까지는 취득세의 75%를 면제한다.

◆ 마을버스나 시내버스로 사용 시 2021년 12월 31일까지 부가가치세를 100% 면제한다.

6장

절세를 위한
종합소득세 신고 대비하기

매년 5월 종합소득세 신고 기간이 되면, "얼마나 세금을 낼 것인가?" 혹은 "얼마나 환급받을 것인가?"와 같은 영업사원의 고민이 커진다. 절세란 합법적인 범위 안에서 세금을 아끼는 것이다. 합법적으로 세금을 아끼기 위해서는 관련 세법을 이해하고 적절히 활용하는 것이 필요하다. 자동차 영업사원은 어떤 세금을 내고, 어떤 소득공제와 비용처리 방법이 적절할지 생각해 보자.

1. 자동차 영업사원은 어떤 세금을 언제 내는가?

자동차 영업사원은 근로소득과 사업소득이 동시에 존재한다. 소속된 회사에서는 근로소득이 발생하고, 리스사나 렌트사로부터는 수수료 명목의 사업소득이 발생한다. 사업소득이란 지급하는 회사에 종속되지 않고 독립적으로 일하면서 지속적으로 소득이 발생하는 경우를 말한다. 영업사원이 리스사나 렌트사로부터 수수료를 받지만 리스사나 렌트사 소속은 아니고, 년 중 한두 번만 발생하는 것이 아니기 때문에 통상 해당 수수료를 사업소득으로 분류하고 있다. 이에 대해서는 이미 앞에서 설명하였다.

사업소득을 지급받을 때 3.3%를 원천징수하고 나머지 금액을 받게된다. 근로소득 외에 다른 소득이 있다면 5월에 종합소득세 신고를 해야 한다. 종합소득세를 절세하기 위해서는 기장을 통해 비용을 인정받는 것과 각종 소득공제와 세액공제를 활용하는 것이 필요하다.

납부할 종합소득세가 있는 경우는 지방소득세 10%를 포함하여 5월 말까지 납부해야 한다. 만약 환급된다면 국세는 6월 말까지, 지방세는 통상 7월 말까지 환급이 된다. 환급이 된다는 의미는 근로소득과 사업소득을 받으면서 원천징수했던 세금과 종합소득세 신고 시 계산한 세금을 비교했을 때 원천징수했던 세금이 더 많다는 의미이다.

2. 인정되는 사업용 비용이란 무엇인가?

영업직원이 받는 사업소득에 대해 종합소득세 신고 시 기장을 해서 신고하는 경우가 대부분이다. 이때 비용으로 인정받을 수 있는 것은 어떤 것이 있는지 살펴보자.

(1) 사업소득과 연관이 있어야 한다.

영업사원은 리스사나 렌트사로부터 받는 수수료가 사업소득이 된다. 영업 활동을 해서 차량을 금융상품인 할부, 리스 혹은 렌트로 판매하는 경우 발생하는 것이다. 즉, 사업소득과 연관된 비용이란 영업활동과 연관된 비용으로 볼 수 있다.

① 영업활동과 관련된 비용

영업사원이 사용하는 업무용 차량 관련비용은 인정받을 수 있다. 단, 사업자등록증이 있는 개인사업자와 같이 9인승 미만 업무용 승용차에 관한 세법의 적용을 받으며 차량운행일지 작성이 필요하다. 전에 설명한 것처럼 만약 차량운행일지를 작성하지 않는다면 연간 차량 관련 모든 비용은 1천만 원까지로 한도가 정해지는 등 불이익이 발생한다.

또한, 영업상 고객과 만나 마시는 커피, 식사 등이 있다. 이는 접대비 항목으로 연간 1,200만 원까지 인정받을 수 있다. 단, 1만 원 이상의 접대비는 반드시 적격증빙인 신용카드영수증, 체크카드, 현금영수증 등을 갖추고 있어야 인정받을 수 있다. 경조사비로 지급하는 현금은 20만 원까지 접대비로 인정받을 수 있다. 20만 원 초과한 경조사비는 반드시 적격증빙을 갖추어야 한다. 사무용품을 사서 업무에 사용하는 경우도 인정받을 수 있으며, 고객에게 지급하는 우산, 골프공 등의 판촉물 비용도 인정받을 수 있다. 이 경우 적격증빙이 있으면 한도 없이 인정받을 수 있다. 이외에도 업무와 관련된 비용은 인정된다고 생각하면 된다.

② 영업활동과 관련되지 않은 비용

가사용으로 사용하는 비용은 인정되지 않는다. 예를 들어 자녀를 위한 우유, 기저귀 등을 구매하거나 가족끼리 식사하는 비용 등은 인정되지 않는다. 국세청에서는 해당 비용이 가사용인지 업무용인지 혼동되어 문제가 되는 경우 일단 가사용 비용으로 보고 납세자가 업무용인 것을 확인해 주는 경우 인정해 주고 있다. 특히, 집 근처 마트에서 구매하고 비용으로 기장하는 경우 문제가 되는 경우가 많다.

(2) 비용은 적격증빙을 갖춰야 한다.

종합소득세 신고 시점에만 사업소득 기장을 위한 비용을 고민하는 영업사원이 많다. 현금으로 사용하거나 통장으로 이체하는 경우 적격 증빙으로 인정받지 못한다.

① **적격증빙이란 무엇인가?**

적격증빙이란 세금계산서, 계산서, 신용카드, 체크카드 및 현금영수 증을 의미하고 인건비의 경우 원천세 신고를 한 경우이다. 원칙적으로 적격증빙인 경우만 비용인정을 받을 수 있다.

식당에서 식사하고 받는 간이영수증은 3만 원 이하까지는 적격증빙 으로 보고 3만 원이 초과하는 경우 전체 금액을 적격증빙이 아닌 것 으로 본다. 만약 고객과 식사하고 식당에서 3만5천 원짜리 간이영수 증을 받는 경우 3만5천 원 전체가 비적격증빙이 되는 것이다. 만약 영업을 도와주는 비서가 있는 경우 인건비 원천세 신고가 필요하다. 만약 원천세 신고를 하지 않았다면 비적격 비용이 되는 것이다.

② **적격증빙이 아니면 전혀 비용인정을 받을 수 없는가?**

만약 사업소득과 관련된 비용으로 적격증빙을 갖추지 못하는 경우 비 용으로 인정받으려면 '적격증빙불비가산세' 2%를 납부해야 한다. 가 산세를 납부하고라도 비용으로 인정받으려는 경우 기타 증빙은 갖추 어야 한다. 예를 들어 간이영수증, 통장 이체내역, 인터넷 전자상거래 거래내역, 거래명세서 등이다.

만약 영업사원의 소득세율이 지방세 포함 38.5%라면 2%의 '적격증빙 불비가산세'를 납부하고도 36.5%만큼 이득이 된다. 국세가 절세되면 지방세도 절세된다.

세금을 절세하기 위해서는 우선 사용한 비용에 대해 적격증빙을 갖추는 것이 필요하다. 가능한 신용카드나 체크카드를 사용하고, 현금으로 지급하는 경우는 현금영수증을 받아야 한다. 현금영수증은 사업자등록증이 없는 경우 개인전화번호로 받아도 가능하다.

3. 부부가 모두 수입이 있는 경우
연말정산이나 종합소득세 신고 시 주의할 사항은 무엇인가?

부부가 모두 연말정산이나 종합소득세 신고를 한다면 먼저 생각해야 할 것은 누구에게 부양가족공제, 교육비 세액공제, 의료비 세액공제 등을 넣을 것인가이다.

(1) 부양가족공제는 수입이 많은 사람에게 적용해야 한다.

수입이 많은 경우 세율이 높은 경우가 많다. 세율이 높으면 공제의 효과도 커진다. 따라서 수입이 높은 남편이나 아내에게 부양가족공제를 몰아서 넣는 것이 효과적이다. 만약 부양가족 공제를 3백만 원 넣는 경우 남편의 소득세율이 지방세 포함 38.5%이고 부인의 세율이 26.4%라면 남편에게 3백만 원 공제를 추가하면 1,155,000원 만큼 절세되지만, 부인에게 넣게 되면 792,000원 만큼만 절세가 된다.

(2) 교육비 세액공제, 의료비 세액공제, 주택자금공제는 근로소득이 있는 사람에게 적용해야 한다.

교육비 세액공제, 의료비 세액공제 및 주택자금관련 공제는 근로소득자만 받을 수 있는 혜택이다. 따라서 근로소득자가 누군지를 먼저 판단해야 한다. 둘 다 근로소득자라면 근로소득이 많은 쪽에 넣는 것이 유리하다. 위 두 가지 세액공제는 근로소득으로 인해 발생한 세금을 한도로 세액공제를 해준다. 근로소득관련 절세금액은 근로소득이 많을수록 효과가 커지기 때문에 근로소득이 많은 사람에게 적용하는 것이 유리한 것이다.

4. 각종 소득공제를 절세에 활용해 보자

소득공제란 매출이나 급여에서 빼주는 것으로 비용과 같은 역할을 한다고 생각하면 된다. 즉 과세표준을 낮추는 효과가 있는 것이다. 효과적으로 활용할 수 있는 몇 가지 공제를 생각해 보자.

1) 인적공제를 적극적으로 활용하자

인적공제란 사람에 대해 공제해 주는 것이다. 흔히 기본공제 혹은 부양가족공제라고 부르기도 한다. 본인을 비롯해 특정요건을 갖춘 배우자, 자녀, 부모 및 형제를 본인의 인적공제 대상자에 포함시킬 수 있다. 배우자의 부모나 형제도 요건이 된다면 가능하다. 모든 요건은 세금을 계산하는 해당 과세 연도 12월 31일을 기준으로 한다.

인적공제 대상자에 포함시키면 한 사람당 150만 원씩 공제를 해준다. 공제란 비용으로 빼준다는 개념으로 이해하면 된다. 인적공제 대상 중 장애인은 2백만 원, 70세 이상은 1백만 원의 추가공제를 해준다.

(1) 인적공제 대상자는 나이, 소득금액 및 생계 요건을 갖춰야 한다.

본인을 제외한 자녀, 손자, 양자 등은 만 20세 이하이면서 연간 소득금액이 1백만 원 이하여야 한다. 나이는 해당 과세연도에 만 20세 이하면 된다. 만약 2017년분 소득세를 계산한다면 자녀가 2017년에 만 20세가 된 경우 2017년까지는 공제대상자로 포함시킬 수 있다. 우리나라는 만 나이를 사용하지 않기 때문에 20세가 초과된 것으로 오해하여 공제대상임에도 대상에 포함시키지 않는 실수를 하는 경우가 종종 있어 주의가 필요하다. 부모나 증조부 등은 만 60세 이상의 나이 요건과 연간 소득금액 1백만 원 이하의 소득 요건이 모두 되어야 가능하다.

소득금액이 연간 1백만 원 이하라는 의미는 수입(매출, 총급여)이 연간 1백만 원 이하란 의미가 아니라, 수입에서 비용 빼고 남은 금액이 연간 1백만 원 이하란 의미이다. 근로소득자의 총급여가 5백만 원 이하인 경우도 근로소득공제 4백만 원을 빼면 연간 소득금액이 1백만 원이 되어 공제대상자가 될 수 있다. 조심할 것은 집, 상가 혹은 토지를 팔아 발생하는 양도소득이나 퇴직 후 받는 퇴직소득의 경우도 소득금액이 1백만 원을 초과하는 경우는 공제대상이 되지 않는다.

생계요건이란 생계를 같이 한다는 의미이다. 주민등록표상 동거가족으로서 현실적으로 생계를 같이 하는 경우를 말한다.

(2) 배우자는 연간 소득금액만 100만 원 이하이면 부양가족공제 대상에 포함할 수 있다.

배우자는 연령요건이나 생계요건을 보지 않는다. 즉, 나이가 어떻든 상관이 없으며, 주민등록표상 같은 동거가족이 아니더라도 연간 소득금액이 1백만 원 이하이면 기본공제 대상에 포함시킬 수 있다.

(3) 장애인과 기초생활보장 수급자는 연령요건을 적용하지 않는다.

기본공제 대상으로 넣고 싶은 사람이 장애인이나 기초생활보장 수급자라면 연령은 중요하지 않다. 단, 연간 소득금액 1백만 원 이하 요건과 주민등록표상 동거요건은 갖추어야 한다.

(4) 부모의 경우 주민등록표상 동거가족이 아니어도 된다.

본인 혹은 배우자의 부모나 증조부 등이 독립된 생계능력이 없어 실제 본인이 부양하고 있는 경우는 주민등록표상 동거가족이 아니더라도 본인의 인적공제 대상자로 포함시킬 수 있다.

(5) 취학, 질병의 요양, 근무상 또는 사업상의 형편으로 주민등록을 일시적으로 옮긴 경우 주민등록표상 동거가족이 아니어도 가능하다.

취학목적으로 자녀만 주소가 옮겨졌거나 사업상 본인의 주소를 일시적으로 옮긴 경우 등은 다른 가족을 생계를 같이하는 가족으로 보고 공제대상자로 포함시킬 수 있다.

2) 주택자금공제를 적극적으로 활용하자

주택을 임차하거나 구매하기 위해 발생하는 비용지출에 대해 상당히 많은 공제 혜택을 주고 있다. '주택마련저축 소득공제', '주택임차차입금 원리금 상환액 공제', 및 '장기주택저당차입금 이자상환액 공제'의 3가지가 있다. 이들 3가지 주택관련 비용들은 지출되는 비용이 크기 때문에 절세효과도 그만큼 커진다고 생각하면 된다.

(1) 주택마련저축 소득공제

① 소득공제 요건

해당 과세연도의 12월 31일 현재 근로소득자로서 총급여액이 7천만 원 이하인 무주택 가구주가 주택구매를 위한 주택청약종합저축이나 기존 청약저축에 가입해 납입한 금액을 일정 한도만큼 공제해 준다. 혜택을 받을 수 있는 연 납입액 한도는 240만 원이다.

② 소득공제 한도

'주택마련저축 소득공제' 한도는 주택마련저축 납부금액(연 240만 원까지 혜택 가능)과 주택임차자금 차입금 원리금 상환액을 합한 금액의 40%와 3백만 원 중 적은 금액이다.

※ 공제금액

Min[(ⓐ+ⓑ)×40%, 300만 원]

ⓐ 주택마련저축 납입액

ⓑ 주택임차자금 차입금 원리금 상환액

(2) 주택임차자금 차입금 원리금 상환액 공제

① 소득공제 요건

해당 과세연도의 12월 31일 현재 무주택 가구주인 근로자가 받을 수 있다. '주택임차자금 차입금 원리금 상환액 공제'를 가구주가 받지 않은 경우 세대원인 근로자가 대신 받을 수 있다. 공제 한도 금액은 위의 주택마련저축 소득공제 한도를 참조하면 된다.

② 부모나 지인으로부터 빌린 주택임차차입금도 혜택 대상이 됨

주택임차차입금 원리금은 금융기관에서 받은 것뿐 아니라 대부업을 하지 않는 일반인으로부터 대출받은 경우도 공제가 가능하다. 단 이 경우는 총급여가 5천만 원 이하인 사람만 혜택이 가능하고 이자는 연 1.8% 이상으로 차입해야 한다.

만약 부모나 친척 혹은 친구에게 전·월세 자금을 빌려서 이자만 내거나 매달 일정 금액을 갚고 있다고 한다면 이것도 대상이 된다. 단, 세무서에 연말정산이나 종합소득세 신고 시에 본인의 임대차계약서 사본, 금전소비 대차계약서 사본, 계좌 이체 통장내역이나 무통장입금증 등 원리금 상환을 증명할 수 있는 서류를 제출해야 한다.

(3) 장기주택저당 차입금 이자상환액 공제

① 소득공제 요건

해당 과세연도의 12월 31일 현재 가구주인 근로자가 대상이다. 가구주가 주택자금공제를 받지 않은 경우 실제 거주를 같이하는 세대원인 근로소득자가 대신 받을 수도 있다. 한 세대가 2주택 이상을 소유한 경우는 불가능하다.

주택은 취득 당시 기준시가가 4억 원 이하인 주택만 해당되고 2014년 이후 차입하는 차입금부터는 국민주택 규모인 85㎡를 초과하는 주택도 가능하나, 그 이전 차입금은 국민주택 규모만 가능하다.

② 소득공제 한도

주택마련저축 공제, 주택임차자금 차입금 원리금 상환액 공제, 장기주택저당 차입금 이자상환액 공제의 총한도는 상환기간과 고정금리 혹은 변동금리 여부에 따라 연 5백만 원, 1천만 원, 1천5백만 원 혹은 1천8백만 원으로 한도가 달라진다. 상세한 내용은 세무신고 시 담당 세무대리인에게 문의하면 된다.

③ 부모나 지인으로부터 빌린 주택구매자금의 경우

법에서 금융기관이나 이에 준하는 경우로 한정하고 있어, 부모나 지인으로부터 빌린 주택구매자금은 위 공제에 해당하지 않는다.

5. 기부금은 근로소득과 사업소득 중 어떤 것에서 혜택을 받는 것이 유리할까?

본인이나 부양가족공제 대상 가족이 종교단체나 기부금 단체에 기부한 금액이 있다면 모두 합하여 소득이 가장 많은 한 사람이 혜택을 받도록 하는 것이 좋다. 남편일 수도 있고 부인일 수도 있을 것이다. 단, 기부금 혜택을 받으려는 사람의 부양가족 공제 대상자로 해당 기부금 기부자가 포함되어 있어야 한다. 근로소득과 사업소득이 같이 있는 경우 기부금 혜택을 적용하는 방식이 다르기 때문에 어떤 소득에 기부금을 활용하느냐에 따라 절세금액도 달라질 수 있다.

(1) 근로소득만 있는 경우 기부금 세액공제

근로소득자인 경우 세액공제를 해주고 있다. 세액공제란 내야 할 근로소득세에서 빼준다는 의미이다. 기부금 지출액의 일정금액의 15% 정도를 세액공제해 주고 있다. 법정 기부금인 적십자사나 학교 등에 대한 기부금은 기준소득금액의 100% 한도 내에서 15%(지방세 포함 시는 16.5%)를 세금에서 빼주나, 종교단체에 대한 기부금이나 기타 구호단체 기부금은 기준소득금액에서 법정 기부금을 빼준 금액의 10% 혹은 30% 한도 내에서 15%(지방세 포함 시는 16.5%)를 세액공제해 준다. 기준소득금액이란 쉽게 생각하면 매출에서 경비를 빼고 남은 금액인데 이 그 경비 안에 기부금은 포함되지 않은 상태이다.

예들 들어 모교에 5백만 원을 기부한 경우 법정 기부금으로 기준소득금액이 2천만 원이라면 100% 금액인 2천만 원이 한도가 된다. 5백만 원은 2천만 원 이내 금액이므로 5백만 원의 16.5%(지방세 포함)인 825,000원을 세금에서 빼주는 것이다. 종교단체에도 3백만 원을 기부한 경우는 기준소득금액 2천만 원에서 이미 사용한 법정 기부금 5백만 원을 빼준 1,500만 원의 10%인 150만 원이 한도가 되면 이 금액의 16.5%(지방세 포함)를 세액공제해 주기 때문에 종교단체 기부금으로 인한 세액공제 금액은 247,500원이 된다. 총 법정 기부금과 종교단체기부금으로 인한 세액공제는 825,000원과 247,500원을 합한 1,072,500원이 된다. 정확한 세액공제 금액산정은 연말정산이나 종합소득세 신고 시 세무사와 상담이 필요하다. 만약 내야 할 세금이 없다면 빼주는 세금도 없다. 기부금 세액공제를 환급받을 수 있는 것은 아니기 때문이다.

(2) 사업소득만 있는 경우 기부금 경비처리

사업소득자 본인이나 부양가족공제 대상 가족이 지출한 기부금은 경비로 인정해 준다. 단 인정되는 한도는 존재한다. 법정 기부금은 기준소득금액의 100% 한도 내에서 경비인정을 하지만, 종교단체 기부금과 구호단체 기부금 등은 기준소득금액에서 법정 기부금을 뺀 금액의 10% 혹은 30%를 한도로 경비 인정을 해준다. 인정받은 경비 금액에 세율을 곱하면 절세금액이 계산된다.

(3) 근로소득과 사업소득이 모두 있는 경우

자동차 영업사원은 앞에서 설명한 것처럼 근로소득과 사업소득이 동시에 있다. 이 경우 어떤 방법이 유리할까? 선택기준은 종합소득세 세율이 16.5%(지방세 포함)를 초과하느냐에 달려 있다.

만약 적용받는 세율이 16.5%(지방세 포함)를 초과한다면 기부금을 사업소득으로 경비 처리하는 것이 유리하다. 반대로 16.5% 미만이라면 근로소득의 세액공제로 처리하는 것이 유리하다.

예를 들어 기부금 중 혜택 대상이 되는 금액이 1백만 원이고, 종합소득세율이 지방세 포함 38.5%라면 사업소득의 경비로 처리 시 총 절세되는 금액은 385,000원이 된다. 근로소득에서 기부금 세액공제를 받는 경우는 1백만 원의 16.5%인 165,000원이 절세되는 금액이 된다.

기부금 세액공제란 내야 할 세금에서 기부금 공제대상 금액의 16.5%(지방세 포함)를 정해서 빼주는 것이나 사업소득으로 경비처리인 경우는 공제대상 금액에 본인의 종합소득세 세율만큼 세금을 빼주는 방식이기 때문이다.

6. 신용카드 사용금액은 근로소득과 사업소득 중 어떤 것에서 혜택을 받는 것이 유리할까?

신용카드, 체크카드 및 현금영수증(이하 신용카드 등이라 표현함)을 사용하는 경우 연말정산 때 혜택을 주고 있다. 하지만 사업소득도 같이 있는 영업사원은 근로소득과 사업소득 중 어떤 것에 신용카드 등 사용금액을 적용하는 것이 유리할지 고민이 필요하다.

(1) 근로소득만 있는 경우 신용카드 등 사용금액 소득공제
① 공제요건
근로소득자가 신용카드 등 사용액에 대해 소득공제를 받으려면 총 사용액이 총급여의 25%를 초과해야 한다. 만약 총급여가 5천만 원이라면 최소 신용카드 등 사용금액이 1,250만 원을 초과해야 대상이 된다.

② 부모, 자녀 및 배우자의 신용카드 등도 합산이 가능함

부모나, 자녀 혹은 배우자가 사용한 신용카드 등 사용금액도 영업사원 본인의 '신용카드 등 사용금액 소득공제' 대상이 될 수 있다. 만약 본인의 사용금액이 1천만 원, 자녀가 5백만 원 그리고 배우자가 1천만 원이라면 총 대상 금액은 2천5백만 원이 된다.

자녀가 만 20세를 초과한 경우에도 신용카드 소득공제 합산 대상이 될 수 있다. 다만, 나이는 보지 않으나 합산하는 부모, 자녀 및 배우자의 연간 소득금액이 1백만 원 이하여야 한다. 형제의 신용카드 사용액은 합산되지 않음을 주의해야 한다.

만약, 2017년 소득에 대해 소득공제를 받는 경우 부모가 2017년 7월에 사망을 한 경우도 7월까지 발생한 신용카드 사용액을 공제받을 수 있다. 2017년에 이혼을 한 경우는 배우자의 신용카드 등 사용액을 본인의 사용액과 합산할 수 없다.

③ 가족카드는 사용자 기준으로 판단함

가족카드를 사용하는 경우가 있는데, 가족카드는 사용자 기준으로 사용금액이 대상이 되는지 판단한다. 만약 형제 명의로 발급된 가족카드를 형제가 사용했다면 대상이 되지 않는다. 대금 지급자는 본인이고 본인이 신용카드공제를 받고자 하지만 실제 신용카드를 사용한 형제는 합산대상이 아니기 때문이다. 대금 지급자(결제자) 기준이 아닌 사용자가 합산할 수 있는 대상인지가 중요하다.

④ 소득공제 가능금액

신용카드 사용액 소득공제 가능금액은 다음과 같다. 총급여액의 25%를 초과한 금액 중 전통시장, 대중교통 사용액의 40% 및 직불카드 및 현금영수증 사용액의 30%와 신용카드 사용금액의 15%를 합한 금액을 3백만 원+α와 총급여의 20% 중 적은 금액을 한도로 공제해 준다. 한도 계산 시 α 금액은 1백여만 원 정도로 생각해도 좋을 것 같다. 실제 연말정산 시 신용카드 소득공제 한도가 4백만 원을 초과하는 경우는 많지 않다.

(2) 사업소득만 있는 경우 신용카드 사용액 경비처리

① 신용카드 등 사용내역 중 사업관련 지출금액은 경비처리 대상이 됨

개인사업자로 사업자등록증을 냈거나 프리랜서로 사업소득만 있는 경우 신용카드 사용액 중 사업관련 지출금액은 기장으로 경비처리가 가능하다. 신용카드 사용액은 적격증빙으로 국세청에서 인정받을 수 있는 경비에 속하기 때문이다.

② 경비처리 한도가 더 커질 수 있음

사업용 목적으로 적정하게 사용한 신용카드 등 사용금액은 한도와 상관없이 경비처리가 가능하다. 만약 중고차를 신용카드로 취득한 경우 근로소득자는 취득금액의 10%만 소득공제 대상 신용카드 사용액이 되고 이 금액의 15%가 신용카드 공제금액이 된다. 현금영수증을 발급받은 경우는 중고차 취득금액의 10% 중 30%로 공제금액이 증가하게 된다. 사업자는 중고차 취득금액을 감가상각으로 비용처리 가능하다. 감가상각으로 비용처리 시 인정받는 금액이 근로소득자의 신용카드 공제금액보다 커져 절세금액이 커질 수 있다.

(3) 근로소득과 사업소득이 모두 있는 영업사원의 신용카드 사용액 활용 방법

자동차 영업사원은 근로소득과 사업소득이 모두 있다. 신용카드 사용금액을 어떻게 사용하느냐에 따라 절세금액이 달라질 수 있으므로 판단 기준을 가지고 적절히 활용하는 것이 필요하다.

① 연간 신용카드의 사업용 지출금액이 4백만 원 이상인가?

신용카드로 사용한 사업용 지출금액이 4백만 원 이상이라면 사업소득에 적용하는 것이 유리할 것이다. 근로소득에 대한 신용카드 소득공제는 실제 한도가 4백만 원을 넘어가기 쉽지 않기 때문이다. 만약 신용카드로 지출한 업무관련 비용이 1천만 원이고 종합소득세 세율이 지방세 포함 38.5%라면 근로소득 소득공제 시 4백만 원까지 적용 가능하다면 절세금액은 4백만 원×38.5%인 154만 원이 되나, 1천만 원을 기장으로 경비 처리하는 경우 절세금액은 385만 원이 되기 때문이다.

② 신용카드 등 사용금액이 총급여의 25%를 초과하는가?

근로소득에 대한 신용카드 등 사용액 소득공제는 사용액이 총급여의 25%를 초과하는 경우만 대상이 되고 초과한 부분에 대해서만 계산한다. 따라서, 25% 미만이라면 신용카드 소득공제를 받을 수 없으므로 사업소득에 대해 기장으로 경비 처리하는 것이 유리하다.

만약, 급여 총액이 5천만 원이라면 25%는 1,250만 원이다. 신용카드 사용액이 합산 가능한 대상인 부모, 자녀 및 배우자의 금액을 합해 1천만 원이면 총 급여액의 25%에 미달해 근로소득에 대한 신용카드 소득공제는 받지 못한다. 본인이 사업용으로 사용한 신용카드 사용금액이 5백만 원이고 사업소득도 4천만 원이 함께 있는 경우 사업소득에서 신용카드 사용액 5백만 원을 비용처리했다면 세율이 26.4%(지방세 포함)인 경우 절세금액은 132만 원이 될 것이다. 이 경우 사업소득에 비용처리하는 것이 훨씬 더 유리하게 된다.

③ 신용카드 등 사용금액 중 업무관련 비용이 없는 경우

사용금액이 모두 영업이나 업무와 무관하게 사적으로 사용한 금액이라면 사업소득에서 경비처리 하는 것은 불가능하다. 이 경우는 근로소득에 대한 신용카드 공제를 활용할 수밖에 없을 것이다.

7. 사업자를 낼 것인가? 프리랜서로 일할 것인가?

영업사원들 중에는 사업자를 내는 경우가 있다. 가끔 "사업자를 내는 것이 유리합니까?"라는 질문을 받는다. 사업자를 낸 경우 유리한 점과 불리한 점을 생각해 보자.

(1) 유리한 점

① 인건비 신고를 통한 비용처리 시 편하다.

인건비 신고를 해야 하는 경우 유리하다. 개인 비서나 영업조력자를 두고 영업하는 경우가 있다. 이 경우 인건비가 지출되는데 인건비는 세무서에 인건비 원천세 신고를 해야만 적정한 비용으로 인정받을 수 있다. 이 경우 사업자를 내고 인건비 원천징수신고를 하는 것이 편하다.

② 부가가치세 공제가 가능하다

일반과세자로 사업자를 내는 경우 부가가치세 신고를 통해 부가가치세 공제를 받을 수 있다. 예들 들어 영업용 컴퓨터를 부가세 포함해 110만 원에 구매하는 경우 10만 원의 부가가치세를 공제나 환급받을 수 있다. 공제나 환급받을 부가가치세가 많다면 유리할 수 있다.

(2) 불리한 점

① 부가가치세 신고와 납부를 해야 한다.

개인사업자를 내는 경우 종합소득세 신고 외에 일반과세자인 경우 일 년에 두 번, 간이과세자인 경우 일 년에 한 번씩 부가가치세 신고를 해야 한다. 부가가치세 신고 시 매출이 매입보다 많다면 부가가치세를 납부해야 한다. 매출이 많다면 부가가치세 부담이 커질 수 있음을 알아야 한다. 설사 매출과 매입이 없다 할지라도 부가가치세 신고는 반드시 해야 한다.

② 세무비용이 증가할 수 있다

직접 부가가치세 신고나 인건비 원천세 신고를 할 수는 있지만, 대부분 세무사에게 위임해서 신고한다. 따라서 세무비용이 증가할 수 있다. 세무비용보다 부가가치세 환급액과 인건비 신고로 인한 종합소득세 절세금액의 합이 더 많다면 사업자를 내는 것이 유리할 수 있다.

8. 고객에게 할인금액을 현금으로 지급하는 경우 비용으로 인정받을 수 있을까?

차량을 판매하고 할인금액을 구매자에게 제공하는 것을 흔히들 백마진이라 부른다. 지금은 그런 관행이 많이 줄었지만 현실에서는 어쩔 수 없이 현금할인이 발생하는 경우가 있다. 이 경우 과연 비용인정을 받을 수 있을지 생각해 보자.

영업사원 입장에서는 제공한 할인금액을 모두 사업소득에 대응하는 판촉비용 등으로 인정받고 싶을 것이다. 사업소득은 리스나 렌트로 판매한 경우 캐피탈사 등에서 수수료를 지급하는 경우에 발생한다. 따라서 현금으로 판매한 경우 사업소득이 발생하지 않기 때문에 관련하여 고객에게 현금으로 지급한 금액은 원천적으로 사업소득 비용처리 대상이 되지 않는다. 현실적으로 현금구매 고객에게 현금할인을 제공하는 경우는 거의 없을 것으로 보인다. 국세청에서는 고객에게 현금으로 지급한 금액을 사업소득에 대응하는 판촉비용이 아닌 특정인에 대한 접대비로 보고 있다. 영업사원의 경우 사업소득에 대한 연간 접대비 한도는 1,200만 원 +α 정도의 금액이다. 1,200만 원 한도에 추가되는 α 금액은 많지 않으므로 1,200만 원으로 생각해도 된다. 이 한도 내 접대비는 인정되지만 초과하는 접대비는 모두 비용인정 받지 못한다고 생각하면 된다.

해당 현금지급액이 1만 원을 초과한다면 접대비로 인정받기 위해서는 적격증빙을 갖추고 있어야 한다. 적격증빙이란 신용카드, 직불카드 등을 사용해 지출하는 금액이나 현금영수증 혹은 세금계산서(계산서)를 받는 것을 말한다. 고객에게 현금을 지급하고 이런 증빙을 받는다는 것은 힘들 것으로 보인다. 이런 적격증빙이 없는 1만 원(경조사비는 20만 원) 초과 접대비는 모두 비용으로 인정되지 않는다고 생각하면 된다.

설사, 가능성은 높지 않지만 접대비가 아닌 일반 판촉비용으로 봐준다 할지라도 비용인정 받기는 현실적으로 어려움이 있다. 세무서는 영업사원에게 비용증빙을 위해 고객과 거래한 통장내역을 요청할 수 있다. 통장내역을 세무서에 제출하면 세무서에서는 해당 고객에게 상호대조를 위해 어떤 목적으로 얼마를 받은 것인지를 질문하게 된다. 이 경우 고객이 불편해하거나 부인할 수도 있다. 이렇게 비용인정 받는 것도 고객과의 관계 때문에 쉽지 않을 것으로 보인다.

법인 차량에 대해 대표에게 현금할인을 제공하는 것은 또 다른 문제를 발생시킬 수 있다. 설사 대표 1인이 모든 주식을 소유했다 할지라도 횡령문제가 발생할 수 있기 때문이다. 법인이 할인을 받아 자동차 취득금액을 줄일 수 있었는데 대표가 법인 대신 개인적으로 받는 것이라면 법인 자금을 법인과 독립된 대표가 가져간 것과 다르지 않기 때문이다. 이 경우 횡령에 따른 형사적 처벌과 더불어 세무조사 대상이 될 수도 있다. 개인 사업자인 경우는 사업체와 대표가 독립된 것이 아닌 하나로 보기 때문에 횡령문제는 발생하지 않는다.

결론적으로 고객에게 자동차를 판매하고 지급해 주는 현금은 접대비 성격이긴 하나 적격증빙을 갖추기 힘들어 실제로 비용인정 받을 수 있는 금액은 없다고 보는 것이 맞을 듯하다. 따라서 가능한 고객에게 현금할인을 제공하기보다는 물품 등을 구매해 제공하는 것이 비용인정 면에서 유리하다. 자동차 관련 용품이나 서비스를 구매해 제공한다면 현금제공보다 저렴하면서도 판촉비용으로 인정이 가능해 일석이조의 효과가 있을 것이다.

9. 종합소득세 신고 시 환급금액이 많은 것이 좋은 것일까?

(1) 종합소득세 환급은 왜 발생하는가?

종합소득세를 신고 후 환급받는다는 영업사원이 많다. 영업사원은 근로소득을 받을 때 부양가족과 소득을 기준으로 간단히 계산한 간이세액표라는 것에 의해 근로소득세를 공제하고 지급받게 된다. 리스사나 렌트사로부터 수수료를 받을 때도 3.3%를 공제하고 받는다. 이 공제되는 금액은 지급하는 회사에서 영업사원 대신 세무서에 납부하게 되며 이를 원천징수라 한다.

원천징수한 금액이 종합소득세 신고 시 계산한 납부할 세금에 비해 많으면 환급이 발생하고, 적으면 추가납부세액이 발생한다. 환급이 발생했다는 의미는 종합소득공제, 세액공제 혹은 사업소득에 대한 비용이 많이 발생해 내야 할 세금이 원천세보다 적다는 의미이다.

(2) 가공경비에 의한 환급은 지난 10년간 부당 환급금액에 40%의 가산세를 합하여 추징될 수 있다.

실제 판촉비 등 업무 관련 비용이 많이 발생하는 경우는 당연히 환급이 발생할 것이다. 하지만, 가공경비 등을 통해 환급을 받는 경우 향후에 가산세와 더불어 추징될 수 있음을 알아야 한다. 탈세를 목적으로 실제 발생하지 않은 가공경비를 넣는 경우 가산세는 추가로 납부해야 할 세금의 40%가 된다. 이를 신고불성실 가산세라 한다.

또한, 환급받지 말았어야 할 세금을 환급받았기 때문에 이자 성격으로 환급받은 시점부터 하루당 부당 환급받은 세금의 0.25%를 가산세로 추가 납부해야 한다. 이를 납부불성실 가산세라 한다.

일반적으로 세무서에서 종합소득세 신고가 끝난 후 5년까지는 세금 추징이 가능하다. 단, 부정행위로 탈세한 경우 10년까지 세금추징이 가능할 수 있다. 10년 전에 신고한 내용까지 추징대상이 될 수 있으므로 가산세를 고려할 때 납부할 세금은 상상외로 많아진다.

국세뿐 아니라 추징되는 세금의 10%가 지방소득세로 추징되는 것을 고려한다면 가공경비를 통한 환급이 위험하다는 것을 알 수 있다. 따라서 종합소득세 신고 시 세법 내에서 합법적인 절세방법을 고려해 신고하는 것이 가장 좋은 방법이다.